孙 云／编著

爱上学习的

AISHANG XUEXI DE MOFASHU

中国原子能出版传媒有限公司

图书在版编目（CIP）数据

爱上学习的魔法书/孙云编著．—北京：中国原
子能出版传媒有限公司，2011.9（2012.9重印）
ISBN 978 – 7 – 5022 – 5336 – 3

I．①爱…　II．①孙…　III．①学习方法 — 青年读物
②学习方法 — 少年读物　IV．①G791 – 49

中国版本图书馆CIP数据核字（2011）第 185077 号

爱上学习的魔法书

出版发行	中国原子能出版传媒有限公司（北京市海淀区阜成路43号 100048）
责任编辑	孙凤春
特约编辑	杨春送
印　　刷	北京明月印务有限责任公司
经　　销	全国新华书店
开　　本	787mm×1092mm　　1/16
印　　张	15
字　　数	230千字
版　　次	2011年9月第1版 2012年9月第2次印刷
书　　号	ISBN 978 – 7 – 5022 – 5336 – 3
定　　价	35.00元

前　言
PREFACE

　　从事教育培训工作数年来，在教学与感触中，我逐渐地体会到，学习其实真的很简单，只要找对了学习的方法，寻得了学习的门道，化腐朽为神奇就一定能够成为现实。

　　天下没有笨孩子，作为家长我们理应相信这一点。也许，目前你的孩子在学习时接受能力会比他人慢，耗用的时间会比他人多，但是，你不可对他们失去信任，因为这一切并不代表孩子的天资差，相反，恰恰说明孩子的潜力还没有被充分挖掘。无论孩子的学习成绩有多么的糟糕，你所产生的第一想法必须是如何使孩子的潜力得以发挥，而不是垂头丧气地去放弃。行动便会有收获，放弃则会使你的孩子在学习上变得一无所有。科学合理地运用学习方法实质上就是帮助孩子在知识领域中，从贫穷走向富裕。

　　我们每个人来到世间的时候，头脑中所存储的外界信号都是从零开始的，随着成长，我们的视野拓宽了，我们所涉及的知识面也会越来越广，打个比方，这就像是对数学的学习。当简单的加减法已经无法满足于现有知识的应用时，我们就需要"乘法"、"除法"、"混合运算"等更多的方法来帮助自己更好地适应生活。学习也是如此，随着掌握知识量及面的增加，所要学习的知识飞速增长，如果我们仍处在默数"1，2，3，…"的阶段中死倔着不动、不前行，那么，我们势必会面临自己几乎无法去承受的压力，但是，倘若我们可以在他人的学习方法上有所参照，结合实际，整合自己的学习方案，你就会品尝到"事半功倍"的味道，这个方法不仅是全新的，切实可行的，还是最适合于你的。学习也是这个道理，别人记得好、学得好、吸收得好，都不能代表你什么，唯有自己做得棒，做出了成绩，这些才会是你的荣耀。

"授之以鱼，不如授之以渔。"给孩子创造成功的机会，让学习生活带上点儿"魔法"的力量，让孩子自己去发现、去体会学习的乐趣。只要入了学习的"门"，孩子就不会再需要家长及老师更多的扶持而独立起来，他们就会像蹒跚学步阶段的孩童，起步学走时，总想挣脱别人的把持，自己独立起来。即使学步的过程避免不了摔摔打打、磕磕碰碰，但是只要孩子所走的道路是正确的、无误的，他们就会到达成功的彼岸。

写这本书的目的旨在于引导孩子找到学习的门道，掌握住学习的先机，继而培养出良好的学习习惯，激发出无限的学习兴趣。良好的学习方法会一路辅佐孩子前行，在行动上，帮助他们跨越学习的障碍；在素质培养上，传授他们增强学习记忆的方法；在心态调节上，教给他们减轻学习压力的技能；在应试能力上，解惑答疑，力求孩子能够以最佳状态迎接考试。

本书以中小学生学习生活中最容易出现问题及最易产生困惑的地方为切入点，列举多种方法，旨在让孩子能够在比较的空间中选出最适合于自己的，并且对自己最具有实质性帮助的学习方法，从而实现自我能力提升、学习成绩突飞猛进的最终目的。

本书所讲述的学习方法是你在学校从来都不可能学到的，它所给予孩子的力量就好比是一个久病的人突然寻到了救命的良方，重新获得了生的希望。让孩子学着像天才一样地思考，不用去顾忌自己是怎样的平凡，也不用去理会考试成绩是否都在及格线以下，只要读下去，坚持下去，势必会取得良好的效果，就一定会让自己、让父母师长、让身边的人感到无限惊喜。

目 录
CONTENT

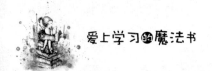

第四章 学习策略——轻松攻克高分线

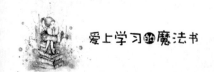

第五章　学习障碍——借力使力更给力

第六章　学习记忆——优异成绩的根本

第七章　学习减压——别把自己累趴下

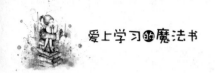

第一章

学习入门

把握学习的先机

　　还在等待孩子进入高年级以后再去努力学习吗？不敢去想你的孩子也能在升学以及将来的就业竞争中担任领跑人物吗？每个机会的背后绝不会是单纯的等待，请不要将全部的希望都寄予上天的赐予，要培养孩子主动出击的能力，让他们学会如何去掌握学习的先机，给他们的未来营造一个更为广阔和自由的新天地。

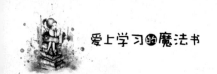

一、相信自己
——每个人都具备学习的潜质

命运掌握在自己手中，生活中你可能会失去很多东西，比如说财富，可是一个人绝不能对自己失去信心。也许你并不是个天才，甚至有些天生愚钝，但是，这并不意味着未来没有光亮，透视卓越人士的成功路径，绝大多数者并不是生来就天赋异禀，却存在着同一个通性，即"信心"！

信心是学习的根本

法国思想家罗曼·罗兰曾经说过："每个人都有他隐藏的精华，和任何别人的精华不同，它使人具有自己的气味。"一个人的自信心很重要，无论你是成绩优异的学生，还是学习上存在困惑的学生，万事皆不会一帆风顺，在学习的过程中也都会遇到这样或是那样的问题。由此看来，家长和老师要做的最重要的事就是给予孩子肯定自己，相信自己的氛围和环境。美国的教育学家曾做过这样一个实验，他们在全校的一个年级中任意抽取20名同学，并当众宣布他们是"学习上最有潜力的学生"。因为这些学生大都是中下等生，意外入选使他们惊讶万分。令人大吃一惊的是，期末考试时，这被选中的20名学生成绩都大有提高，甚至有的还成为班级的"黑马"，一举考进排行榜前列。在学习的过程中孩子的信心很可能会因为大人们的一句"笨"而消失殆尽，相反，一个夸奖，一番称赞也会让一个最平凡的孩子成就一番最不平凡的成就。帮助孩子们重新审视自己，摆脱自卑，树立自信心，才可使他们做一个完美的转身，成为真正的优等生。

1. 做好周密计划

主动安排好学习事宜，要养成做计划的习惯。课前预习，课后复习，温故而知新是每天必不可少的安排。每个环节都要积极做好计划，不要被动等着老师或家长布置和安排，让自己的每一天都过得井然有序。

2. 保持一片好心情

尽量避免自己失意的情绪。一个人在开心的时候，学什么都会快，就越会对自己信心十足。所以，即使在学习上遇到困难，也不要唉声叹气甚至是自暴自弃，倒不如坦然面对，认真接受老师和家长的批评，调整好自己的情绪，以饱满积极的状态重新投入到学习生活中，成功才会再次来临。

3. 找好自己的目标

人总要有个奔头才会拥有前进的动力，孩子的学习也是遵循这个道理。目标不明确或是太小都会让自己失去奋进的力量。这就需要家长引导孩子学会为自己立上一个切合实际的目标。比如期末考试前进五名，再如数学成绩要提高三十分等等，目标无论大小，只要高标准完成即可，切莫好高骛远，失去了树立目标的根本意义。

4. 为孩子找个比对

每个人的心中都潜藏着一股不服输的力量。长在鸡群中的仙鹤因为其先天的条件都远远的高于同伴，所以，可能它永远都看不到自己的短处在哪里。美国心理学家奥托认为："在正常情况下，一个人所能发挥出来的能力，只占他全部能力的百分之四。"为孩子选定优秀竞赛目标，切莫打击，而是要多鼓励，让他们知道只要努力就会和优秀的人一样棒，甚至可以超越他。长此以往，虽然孩子不见得会次次胜利，但是一定会增强自信，这样离成功的彼岸就会更近一步。

端正孩子的学习态度

学习本来就是一件快乐的事情，如果孩子成绩差，甚至是有厌学现象，则大部分原因是家长、老师逼得太紧、太急。一个人倘若在学习的道路上背负了过多与学习无关的东西，那么这一路孩子势必要走得艰难，而孩子很可能因无力承担这份重量而垮掉，就此与学习成为不可和解的"敌人"。孩子的学习态度有的时候会来得很奇怪，有的源自家长的屡屡责骂，而变得甘愿破罐子破摔，真的成了"笨蛋"，只为置上一口"青春"气；也许来自他们喜欢或讨厌的一位老师，也就是我们说的"向师性"，如果老师对孩子的影响是正面的自是可以激发他们学习的激情与欲望，可是倘若相反，那很可能会误了孩子本来光亮的一片大好前程。所以，家长首先自省，要想帮助孩子端正学习态度就要先扶正自己的态度，要把孩子的努力看在心里，即使他们最后奋斗的结果仍然很惨，也不要多加责怪，而要勤鼓励，循循善诱，拟定正确的方向伴同他们一起重来。其次，给孩子选一个好老师。学习态度往往是成绩优与劣的分水岭。态度积极会带来优异的成绩，态度消极就会造成学习上的被动、懒惰、凑合，成绩当然不会理想。

现在的学生都很不一般，他们有性格，有想法，会用自己的眼睛辨别好与坏，问题学生、差学生眼睛里的老师都有个自的特点。曾有个家长带着儿子去拜访一位德高望重的老师，希望可以挽救自己的孩子。这个孩子明显是问题学生，头发上挑染得五颜六色，不驯的眼神。据家长介绍，他的孩子已经换了N个学校了。第一个学校时，不知什么原因，坚决不待，一定要转学，没办法家长给他又找了一个新学校，可是还是待不下去。无奈家长又给他找了第三个，却没想到仍然不行。一番下来，要把这个家长逼疯了，不知道孩子的问题到底出在了哪里。这位老师了解了情况，冲男孩笑了笑，继而与他聊了起来。几番笑谈之后，男孩突然冒出一个问题："老师，您说世界上怎么有那么多不称职的老师啊？"老师愣了一下，笑问他怎么了，他就说出了为什么在学校里待不下去的原因，其中待的一个学校的班主任竟然对他说："我告诉你，今后我们这个班只要有一个考不上大学的，那肯定就是你！"说到这里，男孩显得有些激动，拳头握得紧紧的。老师心里一振，但是仍心平气和地对他说："老师说这话，肯定也是话赶话赶到这里了，可能你表现得有些出格，也让老师气极了，如果老师是凭空说出这样的话，那只能说他根本不配当老师！"我们可想而知，这个男孩心里是经历过怎样的事情才致使对学习完全失去了兴趣，甚至不想去上学。一个好老师可以帮孩子实现从不想学到想学，从厌学到爱学的飞跃，相反，则很可能会让孩子失去学习的兴趣。但是，并不是每个家长都可以给孩子挑选自己的老师，所以，你一定要让孩子明白不能说遇到一个老师不合你的心意，你就拿自己的前程当儿戏。在学习生活中，也许老师的教学方法和你的期望值不一样，但是你要理解一下老师的话，渐渐地就可感受到老师的那份爱心与责任心。为师者，值得你的尊重。当你将感激之情融入其中时，就定然会喜欢这位老师，而这位老师所教的学科也势必会有水涨船高之势。其实，我们的一生能选择的事情并不多，我们没法安排出生的家庭，没法选择一颗聪明无比的头脑……但是，我们每个人又都是幸运的，因为至少我们可以选择我们的心态。态度决定成败，欲成参天大树必要正其根，才可成大器。

深挖孩子的潜能

爱尔维修曾经说过："人刚生下来时都一样，仅仅由于环境，特别是幼小的时期所处的环境不同，有的人可能成为天才或是英才，有的人则变成了凡夫俗子甚至蠢材。即使是普通的孩子，只要教育得法，也会成为不平凡的人。"教育界长久存在着两种有关天才的说法，一种强调天赋，认为人的命运归根于其天赋的大小，而环境的影响只能次之；而另一种则强调后天的培养，环境的影响几乎成了万能，而天赋则变得一文不值。在我看来，这两种说法都未免过于极端。如果把天生禀赋按百分制来计算的话，天生白痴的孩子大概在10以下，智商一般的则占50左右。如果他们都受到完全一致的教育，那么其命运就基本上取决于他们的天生禀赋，可是对于现今孩子的教育方式来讲，其发挥也不及一半，禀赋60的孩子只能发挥出30，禀赋80的不过发挥出40，看来无论天生禀赋如何，待开发的领域仍可称为宽绰。倘若善良加利用，即使天生禀赋为50的孩子也会优于天生禀赋为80的孩子。所以，不要再埋怨自己的基因不好而给孩子带来的聪慧因子不足了，也不要总是一口一个"笨蛋"来屡屡打击孩子的内心认知了，只要大人先存有希望，寻对方向，即使最普通的孩子也仍可以

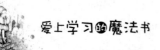

成为天才！

1. 理性认知

一就是一，二就是二，认知孩子的优劣之处，千万别高估了，也莫不可看低了。高则使孩子好高骛远，阻碍了进步的脚步，低则使孩子丧失信心，失去了进取之心。

2. 点燃热情

点燃孩子天性中对学习的好奇和热情，家长不妨参与到孩子的学习生活中，与他们一起在知识的海洋中共同畅游，在有了共同语言之后，不妨将自己的心得及认识与孩子分享，成为他们学习上的好伙伴。

3. 循序渐进

"欲速则不达。"没有胖子是能一口就吃起来的，面对考试，你不可能书都没看过，基础知识都尚未掌握就顺利及格。学习是一个循序渐进的过程，即使你的孩子潜力无限，也要切合实际，把每一步都走得踏踏实实。

4. 独立思考

做题便是思考过程，所以只知一味看书而不动手去做题的孩子往往不会取得好成绩，做练习不仅仅是动笔那么简单，它也是在培养孩子独立思考的能力，没有别人插手，靠自己的大脑去理清解题思路才会让知识记得更扎实。别再说"我记不住"，相信自己内在的潜力，认真思考未做的或做错了的习题，你便会发现原来自己能行。

明确学习的目标

明确学习目标的重要性，目标是开始学习的必要条件。学习目标设立得越明确、越切合自我的实际情况，越容易获得成功。

在一场国际马拉松比赛上，曾经有一位在当时并不出名的选手出人意料地夺得了世界冠军。记者们蜂拥而上，问他凭什么取得如此惊人的成绩，他说了这么一句话："凭智慧战胜对手。"面对这样的回答，许多人都觉得有些牵强。马拉松毕竟是体力与耐力的考核，归于智慧确实有些匪夷所思。令人没有想到的是，在两年后的另一场国际马拉松邀请赛上，这个人又一次获得了冠军。记者再次问他取胜的秘密，这个选手只是憨憨一笑，说了一句让人摸不到头脑的话："用智慧战胜对手。"十年后，谜团终于被解开了，这个用智慧取得一次又一次辉煌的人在他的自传中写了这样一段话："每次比赛之前，我都要乘车把比赛的线路仔细看一遍，并把沿途比较醒目的标志画下来，比如第一个标志是银行，第二个标志是一棵大树，第三个标志是一座红房子，这样一直画到赛程的终点。比赛开始后，我就以百米冲刺的速度奋力向第一个目标冲去，等到达第一个目标，我又以同样的速度向第二个目标冲去。四十多公里的赛程，就被我分解成这么几个小目标轻松地跑完了。起初，我并不懂这样的道理，我把我的目标定在四十多公里处的终点线上，结果我跑到十几公里时就疲惫不堪了，我被前面那段遥远的路程给吓倒了。"

学习也是一样，为自己树立一个明确的目标，在这条似马拉松般的漫长跑道上，把自己的行动与目标不断地加以对照，以便清楚地知道自己的速度是否合适，距离目标还有多远，学习自然就会变成一种坚持的动力得以不断地加强，从而帮助孩子自觉地、主动地克服在学习过程中出现的这样或那样的问题，努力达到最终目标。学习的捷径就是脚踏实地，就像盖一座高楼大厦，从不知到熟知的过程就是打地基，要想楼台盖得又坚固，又高大，就一定要一个目标一个目标地去实现，在体会成功所带来喜悦的同时，获得更强的动力和潜能去达到下一个更大的目标。

灌注学习动力

学习为了什么？马马虎虎，漫不经心的态度往往是因为孩子们从来就不知道学习到底是为了什么。有很多孩子总是觉得中国的高考制度是最不人道的，又苦，又累，令人心烦。听起来似乎有几分道理，也许有待改进。可是知识并不是拿出来唬人的幌子，如果不经受这些"折磨"，知识的含金量还会占上几层呢？无论现在你学习的目的是什么，哪怕是为了父母学，为了应付而学，被竞争所迫而学，这些都不重要，无论你的心态怎样，数年甚至数十年，受益最

深的人仍然是你自己。

学习动力之一：自尊

无论家庭背景如何，无论你是穿着金丝蕾衣的孩子，还是衣服满是补丁的孩子，绝不会因为生活需求的哪一方面强了或是弱得不如他人了，就放弃了学习上成功的渴望。每个人都有自尊，它是一把双刃剑，倘若有一个人对你说："你注定是个失败者。"自尊的两面性便会暴露无遗了，一种是绝不低头，通过自己的努力去证明那句话是错误的；而另一种同样也是因为自尊作祟害怕别人的抨击和耻笑，低下头灰溜溜地退出了。后者其实已经失败了，一个人如果想维护自尊，就一定要作出正确的选择。而家长要做的就是培养孩子面对困难而不肯低头的自尊心，而不是默默地自我否定。

学习动力之二：弥补不足

每个孩子的内心都有一个不为人知的世界，就是小小的自卑。不要害怕，这不见得是什么坏事。比如看到老师对某个可爱的同学宠爱有佳，甚至是哪个女生备受男孩子的喜爱。这些都会触动到孩子柔软的内心。人人都需要寻找上进的动力，而这种动力很可能就来自小小的自卑。一个人在某个方面失意的时候，便很想在其他方面变得闪亮而去弥补心理的不平之处。家长不妨细细观察，找出孩子心里那个能体现自卑的点，循循善诱，激发出他们学习的动力，相信一定会有所成效。

学习动力之三：改变贫穷的欲望

对于家庭贫困的孩子来讲，去改变家里的穷困生活，很可能成为他最有力的动力。有些家庭为了给孩子凑学费都要东借西凑，这样的孩子大多心理早熟，生活让他们早早地品味到生活的滋味，赋予他们改变现状的欲望。不要以为孩子小不懂得大人的酸楚，实际上孩子什么都明白。现在孩子大多都生在蜜罐里，大人们觉得这些孩子失去了奋发向上的动力。其实，即使是贫困也不见得都能产生动力，也不见得富裕就必然无法导致动力的产生。这取决于孩子的选择，知识改变命运，改变生活，贫困就会焕发出它善意的一面，成为孩子无穷无尽的学习动力。

二、推敲方法
——认识到学习方法的重要性

学习方法之所以重要是因为它可以提高一个人的效率，规范学习的程序，继而使学习者能够从繁冗的学习内容中摸清一条主线，即能轻松的提前实现学习目标，又能节省出更多的时间用以面对新的挑战。无论现在你的成绩如何，基础如何，立刻转变学习方式，用喜好和个性以及创新精神去打造全属于自己的学习方案，相信你自己绝对可以成为班级，甚至是学年成绩大榜上的下一匹黑马！

升中学"跳跃"技巧

孩子刚刚从小学升到中学往往会出现成绩滑坡现象，家长不必惊慌，虽然初中学习与小学学习有很大的不同，但是孩子的可塑性却很大，只要找准教育方法，把握好过渡期，一定可以使学习成绩再上一个台阶。

1. 学习内容深化，知识更加系统化

课程门类的增加会让很多原本在小学时期为优等生的孩子一时应付不来，导致成绩下降，这是正常现象。小学的课程内容比较简单，基础课程以语文、数学、外语为主，知识体系安排趋于直观化和感性化，向识记类偏重。而进入中学后就有些变化了。各课程门类有所增加，知识体系也体现得更加完整，特别是增加的物理、化学等课程更趋向于逻辑化。而历史、地理等课程也陡然加重了孩子的识记负担，要留给孩子去适应新的学习生活的时间，此时要分清轻

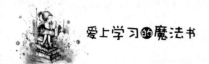

重，万不可把成绩看得过分重要。

2. 及时调节孩子的心态

学习任务的不断加大很容易造成孩子心理上的波动和变化。家长要做好准备，当孩子出现以下情况时，帮助他们及时解惑，快速地适应新环境。

（1）小学的尖子生升到中学却变得成绩平平；而在小学学习成绩并不好的学生成为学习的冒尖者。这种现象很多见，小学与初中相关并不很大，学科内容侧重点的不同是造成此种情况的主要原因。败而不馁，胜而不骄，帮助孩子把握好"度"，保持一片学习好心情。

（2）初一是学习适应和调整的阶段，成绩的变化定势往往在初二的时候才会有体现。这个时期也是拉开学习成绩距离的关键时期，往往会出现好的更好，差的更差，所以，家长不要忽略了此阶段的重要性。

（3）付出和成绩不成正比。一分耕耘就能获得一分收获？未必。成绩好的同学往往是因为更懂得如何安排时间，更加讲究学习方法和习惯，学习起来显得轻松自如；而成绩差的学生往往是穷于应付，越学越吃力，让学习成了学生的负担。如若家长可以帮助孩子找到"点睛之笔"，让学习成为一件轻松的事，谁还会惧怕学习呢？

3. 体现学习自主化的能力

独立性在中学学习中日显重要。自学能力的强弱对学习成绩会产生直接影响，学习依赖性强的学生成绩往往每况愈下。家长应该为孩子创造独立思考的条件，学习指导应更侧重于学习方法和学习意志品质的培养，以使孩子能够尽快适应中学的学习要求。对于那些学习依赖性较强的学生，家长一方面要加强监督，因为他们往往会因为自制能力差而轻易地将学业抛之脑后，摆弄手机，沉迷于电脑游戏或是武侠小说及通俗言情小说，甚至是某些不良读物导致学习成绩下降；另一方面家长要鼓励孩子树立学习目标并增强其自制力，形成良好的学习习惯。

方法决定"成败"

俗话说:"难者不会,会者不难。"孩子升到中学后自然会遇到更多的困惑,如何用有限的时间来应对远比小学时期多上一倍甚至更多的课程,如何在确保学习质量的同时还让自己的身与心觉得轻松愉快,这就需要一套系统的学习方法来帮助孩子在全新的环境中获得新生的力量。学习这件事,就好比一只纸老虎,表面上看上去很威猛,实际上却很容易击倒它。一旦深入进去,学习就不再是一件令你感到头痛的事,反而会让你觉得其乐无穷。当然,赢取胜利果实的道路是坎坷的,充满了艰辛和汗水,但是学习的路上又是风光旖旎,它会让你感到生活的意义和价值。

掌握科学的学习方法,是提高学习能力的重要环节。倘若一个学生只知道呆板地积蓄知识,而不懂得掌握获得知识的方法。那么,大脑的空间就会变成一个有限的空间,不知变通。这就好比是猎人出去打猎必须要带着猎枪和干粮,如果你硬要把猎枪放到家里,只拿着干粮出门,岂不是可笑。而猎人如果选择猎枪,结果就会截然不同了,倘若能灵活地使用猎枪,难道还愁打不到猎物充饥吗?中学阶段,学习上的成与败无非是学习成绩与学习能力的好与坏,谁在这个阶段掌握的知识越多,谁就更可能在未来取得更大的胜算。学习哪有那么难,当你找到学习的门道,自信心的增长就必然会使自己成为一名潜力无限之才。当然,学习又是一个苦尽甘来的过程,如若不想吃苦,他必然永远无法体会到学习的快乐。

聪明的学生会"巧"学

良好的方法事半功倍,拙劣的方法事倍功半。应该不会有一个孩子不希望自己成为聪明的学生,学得快、记得牢、成绩优恐怕是每个学生都梦寐以求的三件宝。难道具备这些优点的学生就一定是天生脑子好,基因佳吗?其实,这些学生多半是入了学习的门道,变得越学越聪明。他们与还困在学习的漩涡中迷糊的孩子来讲,比他们只不过是多了"巧"学的方法罢了。天下没有差学

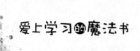
生，试试看，好方法让你脱胎换骨，旧貌换新颜！

1. 保证知识的准确性

学习知识的过程就像是在交朋友。成为朋友的前提就是了解，你得知道他是男是女，姓什么，叫什么等基本资料，而后才去了解他的爱好，性别特点等。学习也是一样，在学新知识的第一阶段至少要先了解，去学习，而后再去做理解、运用等方面的工作。这就要求学生要懂得抓住学习的重点，熟练掌握书中的知识点，不可模棱两可，那样做只会使以后的深入学习变得更加困难。

2. 深入理解，剖析实质

知识的学习也是一环扣上一环，很多学生看起来又精又灵，可是一碰到与学习相关的事就显得不太聪明。这多半是因为这样的学生只把学习停留在了第一阶段，没有对知识进行深入理解。聪明的学生之所以会学习好，只不过是更善于将新知识放到旧知识里拓展，使新知识更易理解、消化和记忆。而后在下一步的学习过程中，将学会的知识作为工具去推导新知识，举一反三，达到将知识融会贯通的最佳效果。

3. 牢固掌握重点知识

知识看起来十分复杂，但是实质上却离不开那句中国的老话"万变不离其宗"。牢固掌握重点知识是学习过程中的又一重点阶段。这就要求学生尽量能够在课堂上消化掉所学的知识，倘若未能办到，也一定要在课下多下工夫，趁热打铁，结合课堂笔记和教材，把困惑打消在萌芽中，使所学的新知识在脑海里得以深化并牢固掌握。

4. 寻找应用知识的机会

所谓"熟"则能生巧。掌握了知识就要想办法把它用上，这样才会越用越活，越用越扎实。在这个阶段，学习的目的就是能用学过的知识解决实际问题。聪明的学生懂得变通，懂得在老师教教授的钥匙方法之外，寻找其他可行路径，用自己的知识，融会自己的思想，让自己变得越来越聪明。

无论你是整日盼望自己的孩子能够取得好成绩的家长，还是从来不敢想象自己可以考进班级成绩排名前列的学生，请按以上方法而行，它一定会让你收获一份可喜的硕果。

制定一份切实可行的学习计划

相对于依赖性较强的小学学习来讲，中学学习更讲究计划性。无论做什么事，只要有了计划便容易取得良好的结果，反之则不然。对于一名中学生来讲，没有设立计划的学习是散漫疏懒，松松垮垮的，一切可能诱惑致使其不能安心学习的事物都可能成为他学习上的绊脚石；而有明确计划的学习则是高效的，因为有了约束就会自然地产生"自制力"，从而帮助孩子抵制外界诱惑。那么，如何为自己制定一套切实可行的学习计划呢？应该如何着手呢？

1. 全面而具体的计划

不要误解了学习计划，它并不是除了学习还是学习。所谓的学习计划只不过是以学习为主线，合理地安排时间，将学习、娱乐、休息等综合地考虑到计划中。我们从来不倡导废寝忘食的学习方式，这种计划对孩子的身体不利，不具备科学性。

2. 短期目标和长远计划

学习这件事并不是努力上一两天、一星期就可以完成的，而是需要一个大的发展方向。这样就要求我们在较长的时间制定出一个大致的学习计划。可是在实际的学习生活中存在着许多不可预知的变动，所以需要我们在把握长远计划的同时，将其中的每一小段具体的细化、量化，制定出长远计划中的短期目标，将具体任务分配到每一周、甚至是每一天中，继而使长远计划得以一点一点地去实现。

3. 坚持所学，发挥所长

我们一直在讲，不可将书学死。所以，合理分配学习计划的时间就成为重中之重。中学生除了每天要完成学校布置的各项任务外，还要留给自己自由学习的时间来弥补学习中的不足或充实和加强自己对某一学科的优势、特长，从而提高常规学习的时间效率，并将学习的主动权握在了自己的手中，使学习计划的可操作性更强。

4. 把握重点，事倍功半

有很多学生存在严重的偏科、瘸腿现象，那么，这类孩子所需要重口味

加强的重点便是你学习中的弱科。这样的学生大多是有一科特别优秀，而其他科目却一塌糊涂，千万不要将它视为小事。也许在你长大后，将成为某项领域的专家，可是就目前来讲，中国的教育体系还不允许你在中学时期学科知识就有所偏重，为了在将来获得更好的学习机会，你要做的就是发挥长处，补其短处，只有这样，你才可被称为优秀。另外，所谓重点还指知识体系中的重点内容。我们的学习时间是有限的，精力也是有限的。谁都不可能见到知识就通篇背诵消化，只有懂得抓主要，记精髓、理解重点才能取得更好的学习效率。

5. 制订计划不可好高骛远

制订学习计划不要脱离实际，要符合自己现在的学习压力和水平。有很多学生每逢考试发榜后失利后就痛下决心，闷上几个小时，制订出一个看起来十分完美的计划表，可是落到实际中，按着计划走几乎是寸步难行，久而久之由于难以实施，因此将它束之高阁。这便是因为目标定得太高，计划定得太死，脱离实际的缘故。

6. 注意效果，及时调整

学习计划制订实施后并不是就奉为了"金科玉律"，它也需要在进行中不断地完善和改进。每当进行到一个时段后，我们应当学会回顾在这段时间内按学习计划实行学习方案的效果如何，怎样会做得更好，而后找到原因，及时地对计划做出必要调整。

7. 科学搭配时间高效点

学习计划的制订要符合人体大脑记忆曲线的规律。一般来讲，早晨或晚上人体记忆能力较强，可是适当着重记忆的科目，或是自己不太喜欢的科目。不太易掌握的时间段则可以安排自由练习或研究自己感兴趣的学科，以此来提高时间的利用率。

8. 合理用脑，不可疲劳作战

我们并不提倡长时间的学习，在计划中要适当的穿插休息及娱乐的时间，不要安排长时间地从事单一活动，"文武"交替为好。另外在在安排科目学习时，也要文理交替安排，学科学习要有区别性，相近的学习内容最好不要集中在一起学习，以免造成脑疲劳。

制定一个科学合理的学习计划有助于磨炼学生的意志力，有利于学习习惯的形成，从而提高了学习效率，减少了时间不必要浪费，从而使学习这件事变得轻松且高效。

三、掌握节奏
——工欲善其事，必先利其器

要么不玩，要玩就痛痛快快地玩；要么不学，要学就认认真真地学。拿砍柴来讲，如果把斧子的刀刃直接在柴火上切下去肯定会费很大的力气，但如果拿起斧子，将它举起来，再往柴火上砍，那么一根木头就会被轻易砍断。学习中也是如此，一定要讲究节奏，节奏可以产生力量，力量可以获得高效。

培养注意力——专心是学习的法宝

注意力的培养主要运用在课堂上。学生以学为主，课堂便理所当然地成为他们学习的中心环节，也是接纳新知识的最重要的环节。正因为中学生的大部分学习时间都是在课堂上渡过的，听课效果的如何便很自然地影响到他们的学习成绩。如此看来，谁想取得优异的成绩，跻身于优等生之列，谁就必须让课堂的几十分钟变得高效。那么，如何让我们的这种想法得以实现呢？这多半取决于孩子上课时注意力是否集中，听课是否专心。

1. 专心听课的前提是做足准备工作

在知识上做好准备：不要小看了上课前的预习工作，学生应主动提前了解课本的新要点，先将简单的知识进行自我消化，对于难点及存在知识障碍点的方面做上一些标注。带着问题去听课，以便于新知识的理解和吸收；在物质上做好准备：听课，实际上光听是不行的。必须要准备好笔记本等学习工具，以便记下老师所讲的重点知识。有些学生上课忘记带书，这种做法很不好，就像是战士到了战场要打仗了才发现没有带枪一样，岂不是可笑。每个学生应该在晚上学习结束时把文具盒和书包准备好，有比较固定的位置和次序，这样随用随拿，得心应手。在身体上做好准备：精神好，吸收知识才会更有效率。要想保持好精神状态，就要做到以下几点，早睡早起；中午要保持30~60分钟的睡眠，拒绝做剧烈运动；周末或其他休息日不要太疲劳；饮食合理，必须吃早餐且不可过于随便。在心理上做好准备：端正学习态度，心理不要有主科、偏科之分；要理解和尊重老师，避免自己对老师存在偏见；振作精神，克服消极情绪和无所谓的态度。

2. 培养兴趣是集中注意力的基础

在学习时如若想保持注意力集中，除了明确目标，增强意志力之外，还要有对所学的知识产生兴趣，保持一种积极向上的态度。我们不妨将所学的内容融会贯通到实际生活中，激发出孩子的好奇心，从而让他主动地去爱上学习。

3. 理清上课的思维程序

清晰的思路有助于注意力的集中，要培养孩子听课专心，以及爱提问的好习惯。提出的问题不一定要在课堂上问老师，因为毕竟一个班并不只有他一个学生，可以让孩子把问题记在笔记本上，课后再向老师或同学请教。对于所讲的难点、重点及要点，及时地记录在笔记本上，这种做法有助于孩子跟随老师的进度，防止走神。

培养观察力——参透书中的要点

孔子曰："思而不学则罔，学而不思则殆"。意思是学习而不思考，人会被知识的表象所蒙蔽；思考而不学习，则会因为疑惑而更加危险。现代学生最忌讳地就是死读书，读死书。一味的学习而不知思考，不能驾驭书本反而成了书本的奴隶。很多学生在学习的过程中只知埋头苦读，却不爱动脑筋，缺乏观察力，这便常常会让书本的表象所迷惑而不得其解。这种学习方法收效甚微，甚至忙得精疲力竭却仍然不得其解。

观察是信息输入的通道，是思维探索的大门。善于观察的学生，能从观察

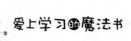

中发现问题，从知识的阳光中汲取更加充沛的养分；不善于观察的学生则很难发现问题，从而不懂得向知识的内部深入，所获得的养分自然就少而又少了。那么，培养学生的观察力要注意哪些方面的问题呢？

第一方面：明确观察的目的和任务

目的和任务是否明确，直接影响观察的效果。目的和任务不明确，学生就会东看看，西望望，抓不住要领，收获不大。让学生明确观察的目的和任务，有助于培养学生的观察力。

第二方面：做好有关知识的储备

没有基础知识就很难达到观察的目的。不但不能对所观察的事物有一个正确的理解，而且对事物的某些特征也难以觉察。用一句话来说，有关知识的储备越丰厚，则看书便会看得越透；反之则不得要领。

第三方面：学习进行观察的程序和方法

孩子往往会被一些奇且特的事物所感染，因而忽视了事件的重要点，这样一来就会丧失观察的最终目的。所以，应该提前制定好观察计划，让孩子的观察点根据计划所引导的方向进行，比如由整体到部分或由部分到整体，有计划、有次序地进行观察，细致入微地进行分析，从而把事件观察得深刻而细致。

第四方面：积极思考，做好整理

要从观察中发现问题，主动思考并提出自己的见解。并将理解的内容及解决问题的具体方案整理成笔记，记录在案。

培养思维能力——发展逻辑思维能力

逻辑思维是指人们在认识的过程中借助于概念、判断和推理来反映现实的过程。在日常生活中我们常常会看到这样一种现象，在同一个班级，同一个老师教出来的学生，即使是他们的知识水平相当，在研究某一个问题的时候，一个如轻车熟路很快找到解题方法，而另一个却如思路出现了"堵车"现象，百思不得其解。由此看来，解决问题能力的强弱并不完全依靠知识水平的高低，思维方法才是获得良好结果的真正钥匙。孩子进入中学阶段以后，从生理上来讲，智力发育基本已经成熟，思维方式也从形象思维向逻辑思维过度。特别是处在初中阶段的孩子，是发展抽象逻辑思维能力的重要阶段，同时也是表现学生学习能力水平高低的重要标准。那么，怎样才能提高自己的逻辑思维能力？

1. 对自己进行提问

积极调动潜在的思维能力，无论上什么课，都要学着用意识将自己带入到问题之中。比如看一篇课文，就应该潜意识地去思考一下课文中的来龙去脉是怎样的，前因后果如何等，当你对自己提出了问题，将自己置身于问题当中时，思维才会活动起来，从而在帮助你解决问题的过程中发挥出重要作用。

2. 如何去发现自己的问题

明代陈献章曾说过："小疑则小进，大疑则大进，疑者觉悟之机也。一番觉悟，一番长进。"中学生在学习生活中要保持质疑精神，无论是在预习、上课、复习、作业还是课外活动时都要多动脑筋，比如在学习过程中学习新的知识时有时会因为基础知识掌握的不牢固而出现问题；有的因为概念相近，一时混淆不清而出现问题；现有的知识量有限而不能解决新问题而出现的问题；打破常规，以新的角度重新审视事物的时候也会出现新问题。无论是何种发现，总之都是经过了大脑思维过滤的结果，千万不要轻易否定了自己，只要肯动脑筋，人人都会发现问题。

3. 积极考虑老师提出的现成问题

发展逻辑思维能力并不是让你成天只是想着如何发明创造，当老师在课堂上提出问题引发学生进行思考时，你的脑筋就一定要跟得上老师的思路，并且积极地去进行思考，不可一票就将自己否决，认为自己一定回答不出问题而消极等待，每一位中学生都应该主动参与其中，并力求想得快，想得对。如果你思考后，回答出结果是错误的也没关系，老师在课堂上肯定会给予纠正，这种方式对于提高思维能力是百益而无一害的。

4. 敢提问、会提问

有很多学生，甚至是那些成绩很优异的学生都会认为那些从来不提问的才是好学生。所以，当他们发现问题，经独立思考后仍然百思不得其解时，却由

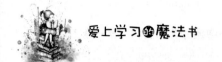

于虚荣心作祟而羞于向别人请教，他们害怕老师或同学看不起他。还有些同学就算是低着头问了，别人也给他讲了，实际没懂却要硬着头皮回答说："明白了"，可笑的是他们只是怕别人给自己冠上"笨学生"的头衔。古人云："三人行，必有我师焉"，更何况这个问题是经过思考的，是具有一定深度的。被请教的人不仅不会看不起你，还会在心底暗暗的给你竖起一支大拇指。如果你连请教的勇气都没有，新问题就会变成老问题，大问题，势必会造成自己学习的障碍。

但是，提问也并不是张口就来，随口就问的。至少有五方面的问题，作为一名学生你不具备发问的资格。一是学过的基础知识而未经复习的不问；二是课本或参考书没有看过的不问；三是布置的题目没有经过思考的不问；四是问题的关键没有把握住的不问；五是提不出自己的想法的不问。也就是说，如果你是因为你没有经过看书，没有经过思考而产生的问题或看法，你都不应该去问，因为你自己的那一部分任务并没有完成，问了也是无用功罢了。

培养创造力——打造自己的学习风格

读书就读书，又不需要搞什么发明创造，难道还需要什么创造力吗？首先，家长和孩子一定要认识到创造能力在学习生活中的重要性。虽然在学校受到的教育至关重要，但是如果要想取得优异的成绩，即而在众人中脱颖而出，就少不得自己的力量，要靠自己的创造力。当然，我们不能将创造能力想得过于极端，拥有创造能力并不是要你对书本知识内容进行否定，比如做一道题目，要求你做的是充分运用自己现有知识，提出新方法、新方案，动笔做一做，再把自己做的方法和书上比对一下，分析一下哪个更好，好在哪里，如果不好，应该如何改进。

创造能力会帮助孩子将知识学活，打造出独属于自己的学习风格。

风格一：创造型

创造兴趣培养和形成在于提出问题并解决问题的过程。在学习生活中所提及的问题既不能太简单、太容易，让人一眼看穿，也不宜太复杂，过难，使人处处碰壁，以至于无法实现。经过创造性思维过后，而确有可能成功的，兴趣才会随之产生。而兴趣一旦形成，所提出问题的难度自然会水涨船高，从而反作用于激励创造性思维的产生，这时学生也就进入了最佳的学习状态。

风格二：深思型

沉思型的学生往往更易自发地或在外界要求下对自己的答案及理由作出解释。沉思型的学生一般不会拘于固定的思考模式中，普遍具有推陈出新的潜质，会将任务完成得更好，成绩相对来讲更为出色。

风格三：问题型

问题型的学生创新能力源于与老师、同学的互动。聪明的学生，在提问与讨论中会创造出更多新的问题，使学习变得更加轻松愉快。

第二章

学习习惯
当自己的"主人"

　　学习中遇到问题时往往有三种选择，即独立思考、等待老师解惑、参看答案。一般而言自主性越差，成绩就越不理想。因此养成良好的学习习惯是取得优异成绩的前提条件。

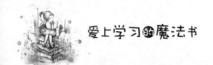

一、千万别姑息了坏习惯

坏习惯就像是跑进鞋子里的沙，而每个孩子都像是一位长途跋涉的旅行者，虽然看起来沙子很渺小，但是却能磨损远征的毅力和耐力，致使最终与成功遥遥相望。别姑息了学习生活中的坏习惯，尽快将它消失在萌芽中，成功自然就离你不会太远了。

好的习惯要"从小"铸就

亚里士多德曾经说过："我们每一个人都是由自己一再重复的行为所铸造的。因而优秀不是一种行为，而是一种习惯。"同年级的孩子与孩子之间，学习条件几乎相差无几，智力的差异恐怕也不值得一提，可是为什么会有成绩好与坏的分别呢？关键就在于习惯。而习惯这份礼物绝对不会是在你获得成功之后才能得到的，它反倒是你去赢得成功的先提条件。教育就是养成良好的习惯，而教育的目的就是培养习惯。先让我们一起来听一个故事。

那是一位获得诺贝尔奖的老学者在接受记者访问时的精彩片段，很短，但是却给人们留下了深深地震撼和思考。当时，有个记者采访他时问了这样一个问题："在您的一生里，您认为最重要的东西是在哪所大学、哪所实验室里学到的呢？"白发苍苍的老人笑了笑，极为平静地回答："是在幼儿园。"所有的人都惊住了，甚至其中有些人觉得这位老人有戏弄记者之意。但是，老人后面的话却让所有的人放下了芥蒂并报以热烈的掌声。记者问："为什么是在幼儿园呢？您认为您在幼儿园里学到了什么呢？"老人仍保持着他的微笑与平静回答说："在幼儿园里，我学会了很多很多。比如，把自己的东西分一半给小伙伴们；不是自己的东西不要拿；东西要放整齐；饭前要洗手；午饭后要休息；做了错事要表示歉意；学习要多思考，要仔细观察大自然。我认为，我学到的全部东西就是这些。"

一个好习惯，不仅可以使平凡转变成优秀，还可以化腐朽为神奇成就一番事业。没有规矩不成方圆，真正的自由是被围在约束的框架中的。行为就好比是水，习惯就好比是舟。"水能载舟，亦能覆舟"。好的习惯能帮助你成就一生，坏的习惯同样能使你毁掉一生。用在学习生活中也是如此，倘若一个孩子没有好的学习习惯，散漫而没有规矩，那么他如何约束自己去勤奋学习呢？良好的学习习惯，有利于激发我们学习的积极性和主动性；有利于形成学习策略，提高学习效率；有利于培养自主学习能力；有利于培养创新精神和创造能力，使我们受益终生。

纠正学习生活中的不良习惯

小树若想长成参天大树就定要定时、定期地进行修剪。孩子的成长也正像小树的成长，当他们在学习生活中出现不良行为或不规范习惯的时候，给予及时地提点。我们要遵照以下模式对孩子进行规范。

1. 盲目重复

孔子曰："温故而知新"。不断地重复显然在学习中占据着不可忽略的作用。但是，如果将知识一味地错看成是简单重复的记忆，那便失去了学习的意义，也势必不会在学业上有所长进。每一次的学习都应有不同的角度，不同的重点，不同的目的，只有这样，才会在每次的重复中发现新的收获。养成良好的学习习惯对自我学习，自我管理都会起到至关重要的作用。督促孩子从学习生活中的细节做起，做练习要注意类型及难度的选择，以防止重复机械化，既取得不了预期的效果，又浪费宝贵的时间。

2. 杜绝拖沓

有很多孩子做事都存在拖沓的坏毛病。一点点家庭作业无论会与否，都会磨磨蹭蹭，甚至三心二意，本来十分钟就可以解决的问题，却定要拖上个把小时。殊不知，那些善用时间的人，早就将你丢弃的那段时间又温习了一篇课文，或是背熟了几十个英语单词。相比之下，你又有什么不被落下的理由呢？学生应该珍惜时间，不仅要珍惜课上时间，更要关注自习时间，你要明白，时间就像是载满水的海绵，只要挤一挤，就会比他人赢得更多的"财富"。

3. 不单满足书本

每个孩子都要养成爱看书的好习惯。读书不仅是仅仅针对于课本，想一想，倘若你大部分的时间都与书本相伴，而看的都是我们的教科书，别说是孩子就连大人也不一定会始终坐得住板凳。总是反复地看那么几句话，不烦才怪了呢。要帮助孩子设定他们的读书计划，什么时间读，读多少。要保持所选读物的可读性及趣味性，既能让孩子读进去，同时还能从中有所收获，扩大了孩子的知识面。如果所选读物与课本内容相关，就要引导孩子学会享受读书思考的过程，看完书后要多为自己设几个问号，自己再做出解答，这样一个过程即有读书的乐趣又有读书的心得体会，想不取得好效果似乎都是不可能的了。

4. 别让笔记影响到听课效率

要让孩子懂得记笔记的目的是为了更好地服务于课上听讲，而不可主次颠倒，因为忙着记笔记而忽略了老师所讲的内容，这样就得不偿失了。课上听讲与记笔记要分配好时间比，听课时间要占90%而记笔记的时间只能占到10%，上好课才是最重要的。如果笔记落下了，可以在课下时间请教老师和同学，但是如果耽误到听课就会导致你的思路跳轨，跟不上老师的思路，以至于对当堂所学知识一知半解或是一片茫然。这就是有很多孩子明明很努力地学习，老师写下的东西都记下了，却仍然什么都不会的主要原因。

5. 打消惰性思想

好习惯形成的关键在于持之以恒，"睡懒觉"几乎是所有孩子的"死穴"，所做的计划因为依恋于被窝而被轻易放弃。有很多学生并不是因为不够聪明而对学习不起劲，更多的时候，原因往往是一件小事引发的。比如，没有按时起床，没有按计划完成预习计划，没有完成作业等等，它们就像是一个个惰性的因子慢慢地聚拢在一起，壮大起来，直接导致孩子的最终失败。别小看了小事情，也许它就是你失败的开始，孩子们，你要切记。

改变学习心理习惯

对于那些从小学刚刚跃进中学校门的孩子来讲，在学习方面往往存在较为强烈的不适应感，即较严重的学习心理障碍。因此，孩子总表现出疲劳的状态。家长往往在这个时期只考虑到孩子身体上的不适，而忽略了心理上的慰藉，实际上这种疲劳状态大多是因为对学习不适、厌倦而产生的。中学学习目的、节奏、方式的变异，滋生了心理障碍的秧苗。及时地为孩子做好心理辅导工作，改变学习心理习惯，帮助他们重新树立自信心，这才是当务之急。

1. 不良学习动机

不良学习动机主要源于不正确的学习态度。学习积极性直接导致学习成绩的好坏，家长及老师应该调动起孩子的兴趣，适当地运用奖励与惩罚的双面运作方法帮助他们重新树立自信心。当然，奖励和惩罚也要适度，奖，要与孩子付出的努力相一致，这样会让孩子感到所得到的奖励是自己用功的结果。一般以精神奖励为主，对于孩子的心灵来讲，最好的奖励莫过于大人的肯定和赞美；罚，要有理有据，不可随意行之。否则很可能会因为惩罚不当而令孩子的错误行为得以强化，引起了他们的对立情绪，使惩罚行为失去了意义。

2. 不良学习习惯

良好的学习习惯不仅可以帮助孩子节省学习时间，提高学习效率，还有助于养成孩子认真思考，敢于向困难挑战的性格。有很多孩子做事没有毅力，自觉控制能力很差，这多半是因为没有养成勇于"坚持"的良好习惯，反而习惯于放弃，习惯于半途而废。一碰到问题未等思考，就先低着脑袋灰溜溜地认输了。要想扭转乾坤就必须从身边的点滴小事做起，弃掉拖沓、磨蹭的坏毛病，养成在规定时间内完成固定学习内容的习惯，纠正做题粗心，做完题后不做检查等坏习惯。当孩子不能按计划的时间学习和休息时，不妨建议他们强迫自己做一些需要不断重复且枯燥的事情，比如蹲下起来等，枯燥乏味的活动会给人的一种行为以负强化，从而降低"难以坚持"发生的可能性。心理学研究已证

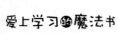

实，只要坚持这种行为模式，原有的、不正确的行为习惯终将为新的行为习惯所代替，不良学习习惯自然便会得以修正。

3. 不良情绪

学习成绩稍差的孩子往往在学习上存在一些情绪，而这些情绪往往是在学习的过程中而产生的。它们就像是稻田里长出来的杂草，如果不尽早铲除就会反过来严重地影响阻碍学习，拖住进步的脚步，使孩子的学习成绩总是处于原地踏步的状态。家长和老师应密切注意孩子的行动，洞悉他们的心理，在他们学习成绩不如意时要及时地给予鼓励，避免逃避或回避心理的产生。另外，一定不要做出有损孩子自尊心和自信心的事情，避免孩子产生敌对情绪，造成进一步地退步。

4. 不良个性

自认为不够聪明的孩子，学习能力普遍较弱，且缺乏自信心。这样的孩子很容易受到外界的诱惑，哪怕是一个细小的声音都会分散其注意力，这是缺乏自控能力的体现。家长要鼓励他们积极地面对困难，不妨经常为孩子设置一些人为的障碍，以锻炼其意志。

常见不良学习习惯参阅

"择其善者而从之，择不善者而改之"。当看到别人短处的时候，定要照镜自省，对比一下看看是不是那些也是自己的不足。只有懂得取长补短的道理，才会不断地进步。对号入座，让孩子自己看一看，哪一个是他们自己？

问题1：一心多用

一定不为自以为是的觉得自己具有什么特异功能，真的可以一心多用，比如一边听着MP3，一边学习，或是一边看着动画片，一边做作业……不要再自欺欺人了，这些做法是违背心理学规律的，是不科学的。对于中小学生来说，注意力简直可以称为珍贵之物，他们很难在四十五钟的课堂时间内完全地集中精神，认真听讲。主动约束收效都有限，何提一心多用，这样做的唯一结果就是，一件事情都不会做好。家长要让孩子养成一心一意的学习习惯，即使注意力集中的时间只有二十分钟，甚至是十分钟，也一定要是专心致志的，高效的。

解决方法：

把影响你分心的事情放一放，培养自己一心向学的学习习惯。起初，也许你会心痒难耐，可是只要坚持住并坚持下去，你就会发现其实那并不是一件难事。学习应该专心致志，倘若要做作业，就一定要盯着这件事做下去，不要做一会儿，去看会儿电视，一会儿又翻翻漫画书，要么做，要么不做，要么做好。另外，在课堂学习时，也不要养成"接话把"以及"插科打诨"等坏习惯，"两耳不闻窗外事，一心只读圣闲书"，才是所要追求的境界。

问题2：不做学习的奴隶

奴隶好做，主人难当？你信吗？奴隶做事没有计划性，往往是跟在别人的后面走，老师安排一步，他们行一步，即使书包里放着课程表，也绝不会存在于他们的潜意识中，因此当然无法提前准备学习。学习上没有目标，缺少计划，更不具备主动学习的积极性；做主人就没有那么容易了，他们会主动制订学习计划，并且严格执行，定时定量，绝不轻易放弃。他们拥有自己的目标，并为之不懈地做出努力。你想做学习的奴隶，还是主人？这一切取决于你的实际行动。

解决方法：

列出学习计划，每天一定要保证必要的学习时间。除此之外，最好将学习时间段固定，如晚饭半小时后的两个小时。设定计划之后，就不要轻易放弃，雷打不动地坚持住，使之形成习惯。养成习惯后，人脑就会像是定期时的机器，到了设定的时间段后，就会很快地进入状态，从而开始高效地运转。

问题3：急于应付

"你为谁而学？"现在很多孩子面对这样的问题都会回答爸爸、妈妈、老师……正是因为缺少正确的态度，他们会认为学习并不是自己的事，上学学习知识都是大人逼迫而行的，自己只是没有不按其行事的自由，所以，往往采取应付的态度。主要表现在：学习需要家长或老师严密看守。作业只有到要交的

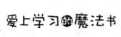

时候才忙着乱写一通。从不预习，上课则是混时间，刚上课就盼着下课。

解决方法：

让孩子明白学习是自己的事情，将为家长或为老师而学习的观念从他们的脑子中剔除出去。不妨找一些成功人士从平凡走向不凡的资料，以书本故事或是影视的形式放给孩子听，让他们从中充分领略到学习的意义。学习可以改变命运，学习可以成就未来，以及学习寄托着上一代人对下一代人的期望。有些家长害怕给孩子造成压力，因此不愿意将这些事情告诉孩子，实际上，真正迫害孩子的压力并不是这些，而是将"这些"不断重复的过程。所以，你只要不是后者，大可以让孩子明白今天的努力学习到底意味着什么，以给予他们无限的动力。

问题4：死记硬背

背记，是学习不可缺少的方法之一。面对繁多的科目，如果不明所以，不知思想，不问重点就一概而论地一并识记，即使你付出的时间和努力再多也势必会造成大脑疲劳，难以达到提高学习成绩的目的。

解决方法：

死记硬背是很难学习好的。这就是很多孩子，复习了大半天，记忆只能维持到考试那一天，考过试的三天后，前几日考过的知识，就只余下些星点记忆了。任何一门知识，就算是在表面上看来全部都是需要去识记的点，也会存在它特定的内在联系和知识系统。所以，识记的前一步应该是理解，只有真正理解了才不会使辛苦背下来的东西成为记忆的过客，也只有真正理解了，知识才会得以累积，才会影射到学习成绩上。

问题5：疲惫战术

有很多孩子误解了"努力"的真正意义，不惜利用大量的时间日夜苦读，只盼有一天能受到排行榜的青睐，守得成绩云开见日明。因为身体和精神都没有得到适当的调理和休整，结果天天都处在十分疲劳的状态之中。当然，这些孩子的努力上进的思想是值得肯定的，可是这种打疲惫战术的做法，我们却是极力反对的。根据人体生理学角度来讲，倘若使大脑长期处于高度兴奋状态中，大脑神经细胞就会产生疲劳而形成大脑皮层的保护性抑制状态。这就是为什么有的孩子会觉得越努力，记性反而越来越差的主要原因了。

解决方法：注意劳逸结合，使大脑有充分的休息时间，最好每天安排半个到一个小时来进行有氧锻炼，这对改善记忆力是非常有帮助的。

问题6：临阵磨枪

太多的学生都用过这一招来应对考试。俗话说："临阵磨枪，不快也光"。平时学习不用心，考试抱抱佛脚，搞搞复习突击，希望能在考试时灵光一闪，助自己一臂之力。当然，这种方法可能会在短期记忆上取得一定的效果，但是却也只能是皮面上的功夫，一旦遇到知识干扰，由于记忆的不牢靠，参考者就会马上变得无所适从，不知如何下笔。

解决方法：

不汇江河难成洋，学习知识要讲究循序渐进，侧重于日常的累积，这就好比是一个人吃包子，吃到第七个的时候，他吃饱了。于是，这个人便后悔了，自己为什么不一开始就吃第七个呢，这样就可以省下六个包子了。这个故事读起来很可笑，可是当渗入到学习生活中时，便没有故事听起来那么直白和简单了。考试前搞突击就像是那个吃包子的人，他没有意识到，如果先前没有那前六个包子垫底，他又怎么会吃到第七个才感觉到饱呢？所以，一定要着力培养孩子学习知识不掉队的习惯，从每一天的每一个小时做起。

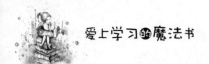

二、让主动学习成为一种习惯

心理学家威廉·詹姆士曾经说过："播下一种习惯，收获一种性格；播下一种性格，收获一种命运。"中小学生时段是一生习惯养成的关键期，如果孩子能够把握好这个黄金时段，善加利用，以学习为乐趣，不将学习当负担，主动去学习，爱上学习，他就必然会收获光彩一生。

诱导主动学习的三种学习习惯

习惯是改变孩子一生命运的关键，在应试教育下的中国，良好的学习习惯更是孩子不断向上的扶梯。中小学时期正是养成孩子良好习惯的关键时段，但是往往因为这个时期的孩子随意性强，自我约束能力差，不能很好地计划自己的学习生活，这就需要老师和家长从旁督促引导，为孩子的将来拨下一颗决定命运的幸运之种。

要想取得优异的学习成绩，就必须养成以下三种学习习惯。

1. 莫要"一叶障目"

有很多孩子生怕做不好学生，在学习的过程中习惯性地跟着老师一课一课，一节一节地走，但是这种学习的方式往往只是拘于形式，只知死记硬背，却忽略了所学的知识与学科整体系统之间的关系，从而导致一叶障目，不见其秋，记忆负担不断加重，学习成绩无法提高。为了避免此类情况出现，就应该引导孩子在学习每一门学科之前习惯性地从整体把握知识，细心观察学习的每一部分内容在整体系统中的位置，从而使所学知识更容易把握。

2. 寻求事物内在联系

记忆对于学习来讲是至关重要的，但是学习却又最忌死记硬背，特别是对于理科的学习寻求内在的联系就显得格外重要。定理公式不仅在于记忆，更在于实际的应用。所以，要想学好知识就必须养成努力寻求事物内在联系的思考习惯，举一反三，才能达到提高学习成绩的最终目的。

3. 不可舍弃学习的根本

在学习的过程中，要养成孩子多角度思考问题的习惯，并且着重注意基础知识的积累。有很多孩子只注重考试，平时也只把眼睛盯到试题上，认为考试只与做题相关，却忽视了课本的重要性。实际上，这是一种本末倒置的做法，课本是汲取知识的根本，做题要基于课本之上，学习之事万变不离其宗，细细品味才能尝到其中妙处。

4. 思考是学习的灵魂

知识的获得固然重要，可是比它更重要的是驾驭知识的头脑。倘若一个人不会思考，再多的知识也只是徒劳，就像是一个人拥有一辆汽车，却不会驾驶，只能费力地拉着、推着，汽车对于他来讲，作用已经不再是交通工具，而变成了行路的负担与累赘。所以，要让孩子养成独立思考的习惯，这样才能让他免去沦为那个拥有汽车却不能尽其所用的人。

好的学习习惯是"优秀"的模板

学习习惯是培养孩子学习能力最为重要的因素。对于一个成绩平平的孩子来讲，若想有所突破，就必须将学习习惯的培养提上日程。在学习生活中，绝不能只是一味地依靠家长的督促，而是要采取主动出击的方式，努力让自己成为学习的主人。

1. 认真预习的习惯

上课认真听讲却不能很好地理会老师所传授的意思，难道是自己的接受能力差吗？请不要怀疑自己，你肯定是没有事先做好课外预习。有很多孩子课上得很好，课后作业也完成得很好，却唯独不重视课前预习。实际上，课前预习的重要性往往比课后补拙的效果更佳。预习可以帮助你事先理解课堂所要学习的新知识，初步扫除知识障碍，提高听课效果。不仅如此，课前预习还可以帮助你增强独立思考的能力，变被动为主动，让获得新知识的过程在课堂上转变成查漏补缺的过程，从而加深印象，让知识点记得更为牢固。当然，前课预习并不是泛泛地看，也是具有一定要求的。熟悉课本内容，掌握大概的知识框架。课本的编写一般都具有连贯性，前一课与后一课之间都存在着一些联系，因此，当课预习也是一个温故而知新的过程，在预习的过程中，我们要从中找出所需的旧知识，并结合本节中所提及的新知识，理解课本中的重点及难点。在预习的过程中倘若遇到自己不能够理解的问题，要做好标记，以提醒自己在课堂上重点注意。

2. 专心听讲的习惯

首先要树立当堂消化掉老师所讲知识的决心，课堂时间有限，老师在课堂上所传授的知识必定是课本的精化和重点。如果你认为上课听不听没关系，只要有课本在就行，到最后，往往你自己都会被自己所迷惑住，结果弄个不求其解。当然，课堂上老师所讲的，也不是要求你毫无障碍的全部理解接受，如果遇到听不懂的地方，求不得十分得到七八分也可，余下的，课后通过请教老师和同学也可以很快补上。反过来想，倘若轻易地放弃了，那落下的就是十分，不仅浪费了课堂上的宝贵时间，还增加了课下学习的负担，这岂不是"双失"了吗？集中注意力听课是非常重要的，它可以使所涉及的事物在大脑中获得清晰且深刻的反映，从而让学习变得高效起来。而分散注意力必然会导致视而不见，听而不闻，看似在学，实际上吸收率却为零，这样就大大地不好了。

3. 做作业的习惯

作业是巩固知识的过程，更侧重于所学知识的运用、分析及深化。所以做作业时一定要抱有一个正确的心态，不可以应付之势草草了事。把每次做作业都当成是一场考试，力求做到独立完成，步骤完整、书写整洁、符合规范、反复检查、认真订正。另外，最好在每次做作业之前先做复习，这样就可以有效地减少作业的错误率，避免浪费时间。

4. 及时复习的习惯

根据人体遗忘曲线来讲，初步记忆并不能达到永久记忆的效果，通常在记忆两三天后，遗忘的速度是最快的，然后逐渐减少，倘若此时没有及时复习，就会忘记大半；复习次数多了，遗忘的间隔时间就可以逐渐加长，以达到完全记住的目的。所以，学习要讲究趁热打铁，"温故"不仅仅只在于知新，也在于固旧。学过即习才是正确的做法。

5. 一丝不苟的习惯

"小马虎"，"小糊涂"这样的称谓在孩子中绝不占少数，同样是又精又灵的孩子何以会在学习成绩上有如此差异呢？其中主要原因不外乎粗枝大叶，态度过于散漫。要想养成孩子一丝不苟的学习习惯就必须从大人做起，要主动地且经常性地去检查孩子的作业，看看他们是不是认真，是不是写得干干净净，要明确要求孩子做到准确无误，给孩子的心里垫上"要认真对待"的印象，引起他们的重视。对待孩子作业中的错误，也不要点过即可，一定要要求他们通过独立思考分析出错在哪里，叮嘱他们认真订正，以避免马虎现象的再次出现。

向时间要效率

学习效率的提高并不是朝夕之事，需要长期的探索和积累。我们都明白数学定理中的一个道理："两点之间，线段最短"。对大部分学生而言，提高学习效率就是提高学习成绩的直接途径，而好的学习方法恰恰就是这两点间的线段，是提高学习效率的关键。成功者的秘诀之一就在于用最少的时间获得最高效的成果。切记，学习必须讲究方法，未经思考，盲目用功的结果只会使自己迷失方向，南辕北辙。

1. 拾起零碎的时间

有很多孩子总认为除了每天上学的时间以及放学后做作业的时间，自己可利用的学习时间十分有限。如果孩子存在这种烦恼，不妨用用以下的二种方式来帮助他们解决困难。一是利用好间隙的时间，如饭前饭后、聊天的空当、等车、乘车的时间等，不妨做上一些小卡片，可以用以写英文单词或是定义、词组等，随身携带，来根据所利用时间的长短来分配不同的卡片，将零碎的时间转变成获取知识的另一笔财富；压缩时间，提高时间利用率，如适当减短起床及洗漱的时间，尽快进入到晨读中等。

2. 发现自己的时间

时间像吸满水的海绵，只要挤一挤，就会有水流出。孩子不能自主去学习的原因其中的一个就是禁不住去做一些毫无意义的事情。比如，玩转笔刀，打游戏机、摆弄文具盒等等。这些毫不起眼的小毛病时间久了就会变成坏习惯，既会降低学习效率，又会造成时间的浪费，大人不妨让孩子自己准备一个小本子，像记日记一样，把一天所做的事情都用本子记下来，可以具体到一、两分钟的小事，先不用告诉孩子"记下来"的用处，大约记上十天左右，再让孩子看，让他自己去发现时间究竟被花费在了哪里，从而更好地去规划时间，避免浪费。

3. 自主学习更省时

中小学生被动性比较强，习惯于"等待"式的学习。老师布置了学习任务，才会去做，家长下达了"死命令"，才会去办，否则早把时间都献给了玩耍。玩，对于孩子来说并没有错，天性如此，可是若是毫无分寸和尺度的玩耍就一定是在自毁前程。所以，学习是玩耍的先提条件，而在玩与学兼顾的方法中，主动学习就是不二选择。特别是那些升入到初中的孩子，面对多科目，多内容，倘若能采取主动出击，提前理会，才会跟得上老师讲课的进度，力求当堂问题当堂消化，留下了较多的课余时间，即便是玩儿也会更加踏实。

4. 养成珍惜学习时间的习惯

（1）培养时间意识，相信时间是可以挤出来的。

（2）跟住时间的节奏，分配好学与玩的时间。

（3）好的学习习惯是做到珍惜时间的前提。

（4）做到今日事今日毕，绝不拖到明天。

（5）珍惜时间不可操之过急，讲究速度还要讲究效率。

主动制订学习计划

"凡事预则立，不预则废"，这句话的意思是说没有事先的计划和准备，就不能获得战争的胜利。学习就像是在建造一个宏伟的工程，十几年学子生涯，面对十几门的课程，倘若没有一个周密的学习计划，前进的步伐必然是杂乱无章的。孩子在学校是整体的计划，老师会引导他们按计划实施，而课下或是家里，要求自己来安排时间的时候，就应该学着去制订适合于自己的学习计划。例如：考前计划，假期安排计划，补课计划等等。这些计划的实施会为孩子树立一个明确的学习目标，有助于孩子顽强意志的磨炼以及良好学习习惯的养成。那么，怎样才能为自己制定一份正确的学习计划呢？下面把方法和注意点介绍给大家：

1. 明确学习的目的

可以说一个好的学习计划都是为学习目标而设定的。就个人学习计划而言，长篇大论自当不必，应当遵循简单明了的原则，具有可操作性且便于对照即可。学习计划的制订要因人而异，别人看似很好且很见成效的学习计划拿来了你用，也许就会毫无起色。这并不是因为别人做得不够好，而是学习计划要具有针对性。计划的目的是根据各人自己的学习情况确定的。倘若英语差，就制定英语的复习计划，要着重于单词量的掌握，还是着重于语法的应用都要视实际情况而定。

2. 着重注意的问题

学习计划制定好只是万里长征第一步，能不能实行下去，如何保障实行下去才是关键。所以，要想制定一个好的学习计划，还应该注意到以下几个问题：

（1）小计划要服从大趋势的安排。首先，孩子的第一身份是学生，所以要服从学校及班级的安排。小计划的时间如果与大计划的时间相矛盾，那么就要在大计划以外的时间来做安排。

（2）计划不能三天打鱼两天晒网，要保证常规的学习时间。认真完成老师当天布置的学习任务之外还要充分利用不自由时间来消化当天所学习的新知识。制订学习计划的目的一般有两种，一是弥补学习中的不足之处；二是提高自我，将所学的知识做一次质的升华。但是，实际的学习生活中存在着这样一个问题，学习成绩好的孩子，做题能力和理解能力较强，可分配的自由时间相对较长；而学习成绩较差的孩子则在完成老师布置的任务之后，自由时间就少之又少了，因此轻易将它弃之不顾。学习是一个累积的过程，只要能够坚持住，随着学习水平的逐渐提高，常规学习时间就会越来越少，而余下的自由时间却会越来越多。变被动为主动，相信自己，你也可以变成时间的主人。

（3）个人计划要从实际出发。倘若计划脱离了实际，就会很难向前推进。有很多孩子制订计划的时候充满激情，可是实行起来却只是三分钟热血。那么，所谓的"学习实际"是依据什么设定的呢？首先，当然是学习的基础。制订计划的目的就是为了提高自我能力，所以，一定要从自己的实际情况出发，学习基础好的孩子，可以将计划的重点放在进一步提高上，而学习基础差的孩子，学习的重点就更倾向于巩固基础、查漏补缺上；其次，学习目标不要设定得过高，任务不得过多，欲速则不达，天下没有一口吃成的胖子，要想使计划具有可行性，就必须要做到量力而行；再次，根据可利用的自由时间的长短而定，如果所制订计划的时间超出了自由时间，计划自然无法得以全面实施。

最后，要根据所学知识进展情况而定。有很多计划不得不搁浅，很大的原因就是不了解老师的教学进度，从而无法准确地安排自己的学习时间，甚至会出现自己的计划与学校的课业安排不能相辅而行，从而使计划丧失了最初的本意。

（4）要给计划留下一片"灵活地"。俗话说："计划没有变化快"。当计划的内容和实际内容相矛盾时，往往会向实际让步，这就会造成计划滞后或无法实施。所以，在制订学习计划时要留有余地，以保障计划的顺利实施。

（5）比照计划，矫其身姿。不要任将所制定的计划随意夹在课本里或其他地方，而是要选择比较显眼的地方贴起来，经常对照。当自我行动偏离计划时，要及时调整。比如说，没有按时完成计划内任务，要主动分析其原因，找其症结所在，如在必要时候可调整计划，慢下速度或是降低标准，从而使计划变得切实可行。

主动复习，温故知新

一个真正会学习的人，在每次翻开旧课本的时候都会从中品读到新的东西，这就是所谓的"温故而知新"。孩子在学习生活中常常会遇到这样的事情，自己明明在课堂上已经听懂了老师所讲的内容，可是一旦落实到做题上却仍然不会，这到底是什么原因呢？首先，这里就存在概念性的混淆，"听懂"和"学会"并不是对等的。实践经验告诉我们，同一个知识点，仅仅听一次是很难完全吸收的，要想使学习的质量有所提高就必须依靠"复习"这个有力的砝码。

1．课后及时回忆

刚刚学过的新知识如果不及时地进行复习，很可能会被遗忘。要想牢固掌握就必须科学而有效地进行复习，倘若间隔时间过长，待知识已经被遗忘所剩不多时再进行复习，那就几乎等于是重新学习，这对时间效率来讲就是一种无形的浪费。每次在课堂上学完新知识之后，都应该在脑海里将所学的知识点"过"一下，看看自己是否掌握，如果回忆顺利就说明学得不错，若是出现了障碍，那么就要查漏补缺及时对学习态度、学习方法等加以修正。回忆时，可以教科书的大纲或是课堂笔记为样板，按其顺序，先着重回忆重点内容，而后再向细节方向发展。在复习过程中，也可以将落下的，或是记忆还不太牢固的内容记在笔记上，以提醒自己着重复习。

2．复习要定期重复巩固

复习绝不是一竿子买卖，要想把知识真正的揣进自己的兜里就必须经常地、定期地复习，即使是从前已经复习过的内容仍须要定期的加以巩固。当然，随着你对所复习内容的掌握程度越来越深，可以适当地减少复习的时间，复习的目的只是为了对旧知识进行串联和梳理，对新知识进行记忆的巩固和加深。

3．安排复习时间要具有科学性

复习一般可以分为集中复习和分散复习。集中复习一般用于考试前夕，需要复习者思想保持高度集中且保持一定的积极性，倘若消极应对，一般不会

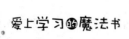

取得什么效果。集中复习的优点是，在短时间内可以回忆起大量的知识点，涉及的面相对来讲更为广泛。但是其缺点也是显而易见的，就是记忆保持的时间短，易遗忘。相对于集中复习来讲，分散复习更具科学性，可以广泛地应用到日常的生活中。它可以采用把需识记的内容适当分类的方式，插入一些娱乐或休息的方式来使复习实行起来更为轻松有趣。分散复习要根据所分类材料的特点来进行识记，关键是要把握好重复的次数和间隔的时间，倘若时间间隔过长，便容易造成遗忘。复习方法的规律也要因人而异，需在不断的实践中体会，只有这样才会寻找到最适合于自己的复习规律。

4. 复习也要讲究重点

我们所学的知识千千万，倘若都要一把抓，不分主次，即使是神仙恐怕也难于应对。盲目的复习只会徒增疲劳，要善于将学习资料分类，找出重点、难点。因为知识本身都有自身的体系及连带关系，主要的掌握了，次要的也便随之而解。

5. 检测复习的成果

在学校里，知识积累到一定时间后，我们要进行考试，这是检验学习的成果。复习也是一样，要想知道自己经过一段时间的坚持和努力能取得一个什么样的成果就必须要对其掌握的内容进行检测。选择与复习内容相符的试题进行必要的自我检测是十分有必要的。测试时，要限定时间，摆正心态，将每次的测试都当成是一次正式的考试，更不要自欺欺人，要保证检测效果的真实性。面对错误，要认真分析，参照答案寻找原因，而后给予及时地补救，以达到夯实基础、提高自我能力的最终目的。

把学习变成一种习惯

现在的学生大多都是机灵鬼，有些聪明的孩子甚至在老师讲出上句时，他就能准确无误地说出下句。遇到不懂的问题向老师请教时，通常也不需要老师费什么力气，一点便通。他们的聪明伶俐往往深得家长和老师的喜爱。但是，这类孩子也并不都是优点，正因为聪明，他们较其他孩子来讲更容易因为得到了一点点小成绩而沾沾自喜，更容易产生骄傲的情绪，更容易轻视"努力学习"的重要性。殊不知，学习的好坏并不能光靠着一点小聪明就能成事，即使现在倚仗着小聪明赢得了好成绩，但是，这样的成绩却是朝不保夕的。因为，唯有养成良好的学习习惯，打好学习基础，才是取得好成绩的硬件措施，只有踏实学习才是学习成绩长久不衰的真正保障。

1. 平衡整体，避免偏科

树立一丝不苟的学习态度，虽然我们一再强调要避免偏科现象，但是因为在考试结构上分数取向轻重分配比率同，偏科现象仍在继续。

（1）偏科的根本原因

形成偏科的原因是多种多样的，中小学生特定的心理、生理及猛然增多的课程种类都会使孩子对某一学科产生偏好或厌倦的心理，进而逐渐形成偏科现象。

（2）偏科的具体表现

在学习态度上，表现在上课不爱听讲，思想爱溜号，作业不认真，不爱做。但是，相反在孩子感兴趣的科目上却表现得非常用功。长久以此，好的更好，差的却更差。

（3）偏科的应对方法

首先，不能让孩子产生对偏科的认同心理。有些家长不把孩子的偏科当回事，反而以此夸耀孩子某科目学习得特别棒，这样就让孩子觉得偏科并不是什么问题。对孩子的偏科，家长起着和老师同样或更重要的作用。孩子偏科，家长不应该将孩子偏科现象当成小事，而是要根据孩子自身的情况，同孩子做沟通，一起分析产生偏科的原因。应正确看待，家长必须针对孩子自身情况，和孩子一起分析产生偏科的原因。

其次，对待偏科现象不妨从孩子喜欢的学科入手，让孩子知道各门学科的关系，认清偏科的危害性，特别是对学习成绩的影响。以喜欢带动不感兴趣，使不感兴趣渐变成感兴趣，在此，如若孩子在弱科上只有点滴进步，家长也要给予鼓励，让他继续发挥。

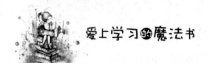

2. 学习习惯的迅速养成

科学研究发现一个人一天的行为中大约只有 5 ％是属于非习惯性的，而剩下的95%的行为都是习惯性的。我们曾听说过21天左右可形成一个新的习惯的说法，但是，这个情况也是因人而异的，周期可从几天到几个月不等。但是不管周期如何都要经历三个阶段：

第一阶段：

此阶段的特征是"刻意，不自然"。需要十分刻意提醒自己改变，会觉得有些不自然，不舒服。

第二阶段：

此阶段的特征是"刻意，自然"。你已经觉得比较自然，比较舒服了，但是一不留意，你还会回复到从前。因为，还需要刻意要提醒自己改变。

第三阶段：

此阶段的特征是"不经意，自然"，其实这就是习惯。这一阶段被称为"习惯性的稳定期"。一旦跨入此阶段，你已经完成了自我改造，这项习惯已成为你生命中的一个有机组成部分，它会自然地不停地为你"效劳"。

3. 几点建议

（1）每天学习时间要适度，找到适合自己的学习强度。根据自己的实际情况去调整学习计划，倘若孩子从来没有持续学习1个小时以上，那么就不要定过长的时间，可以将时间切割成段，分成每次10到20分钟。这样更利于坚持。

（2）把每日的学习计划放在首要位置。

（3）充分利用零散时间来完成你的计划。

三、好的学习习惯亦要与时俱进

学习习惯也要讲究与时俱进、推陈出新。我们常常会说："习惯成自然。"虽然这其中有一定的合理性，可是也包含了惰性的因子。一旦周围的环境发生了较大的变化，如果还要固执地坚守原来制定或已经遵循多年的习惯，这就是惰性的一种显露。在学习生活中，我们也经常会用到这种情况，这就需要家长及老师帮助孩子跳出固有的模式，按照新的环境或课程在原有的学习习惯基础上"取其精华，去其糟粕"，从而使学习效率得以有效提高。

善问老师——把握好身边的宝藏

老师一般都喜欢学习成绩优秀的孩子，那些成绩不理想的孩子嘴上不说却看在心里，所以从内心上对老师产生了抵触情结。当他们在学习上遇到难题的时候多半不会去找老师和同学请教，往往是一个人死抠或是放弃。这样一来，不懂的知识就会越来越多，落下的课程就会越来越远。学习成绩自然不会见起色。而优秀的学生多半都会选择自己解决问题，就算是真的不会，也可以通过参看答案自己领悟。学习成绩优秀的孩子常常会把问老师当成是自己水平不行，他们害怕别人看贬自己，也怕老师认为他不再优秀，所以，即使他们受到老师的偏爱，却不到万不得已之时不会去请教老师。还有一类是无关乎学习成绩的，而在于性格方面。有些孩子性格内向，有些胆小，如果老师不够亲善的话，他们即使是满腹的问题也是万万不敢问出口的……无论你面对的孩子是哪种类型，在无形中他们以各种原因舍弃了身边的一座宝藏——老师。

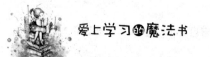
1. 鼓励质疑

在小的时候，孩子好像总是有问不完的问题，可是为什么上了小学到中学提问却越来越少了呢？难道是因为随着他们的长大，知识的累积到达了一定程度，什么都懂了，没有什么要问的了呢？当然不是。人的一生都是学习的过程，俗话说："活到老，学到老"，只有学不完的知识和问不完的问题。孩子之所以能从止住了发言的渴望转变到习惯于不提问题，与老师有着莫大的关系。所以作为孩子的引导者，一定要有意识地培养孩子去质疑的精神，在学习上，可以从教材及作业入手，要求孩子有针对性地提出定量的问题，经过一段时间的训练，质疑的习惯就会自然养成。

2. 提出问题

倘若孩子向老师提出的问题始终保持在"1+1"等于几的状态，就失去了提问的意义。这样的问题，老师回答久了也会觉得厌烦。相反，倘若孩子向老师提出的问题在老师所期待的范围之外，提出了花样百出，或是一些抠于字眼儿、钻牛角尖的问题，老师自是不爱理会。所以如何提问，显然成为孩子的必修课。以语文为例，对于不同文体的文章设置疑问的出发点也会有所不同。议论文的提问要围绕于论点而展开；说明文要着重于叙述方法的掌握；而散文则更要注重形散而意不散的表现手法。相信经过一段时间的训练，大多孩子都可以提出较有质量的问题。

3. 进行沟通

沟通是多向的，既表现在家长与老师的沟通，也体现在孩子与老师的沟通。倘若孩子不太善于言词，家长可以采取主动，与其班主任或任课老师进行沟通，鼓励为主，不妨提议让老师在课堂上多让孩子回答一些问题，以减少孩子和老师之间的距离；另外，家长也可以从孩子入手，孩子在学习上有了问题不要把答案直接抛给他，而是要帮助他整理思维路线，使问题上升到一定级别后，再引导他去和老师进行互动，来寻求解决问题的方法。这样一来，便会引起老师的重视，对提高孩子的积极性起到一定的作用。而不会因为孩子问出的问题毫无"技术含量"而草草做答，使孩子失去了再次向老师询问的勇气。

巧用学习资料——高效利用教科书

教科书内容系统、严谨、深刻，是一般参考书无法代替的。课本是孩子学习的基础，有很多学生，特别是学习成绩较好的学生很不"务实"，好高骛远，常常觉得课本上的知识内容过于简单，而不屑于对课本进行研究，专挑一些高难的参考书、练习册，结果弄得一头雾水，既没有把基础知识掌握牢，也没有把高难的题做明白。画家画鸟的时候总是会反复练习画鸟的骨骼，因为无论鸟的形态如何变化，也会遵守万变不离其宗的定律，实际上，学知识就像是作画，课本才是掌握好所学知识最有力的工具，课本理解得越透，作业才会做得越好，成绩才会越高。

我们都知道，有很多面临人生重要抉择的考试的时候，往往都希望购买到成绩优异者的在备考时所用过的教材，比如说"高考"。这是什么原因呢？难道上书店买新教材还不如几本用过的"破书"吗？你说对了，"破书"自然有它的微妙之处。这就是所谓的 "三记法"。相信有了它们，教科书自然会让你的学习效果事倍功半。

第一记：标记。

学习成绩优异者通常都会有在教材上标记的习惯，在阅读或学习时，常常喜欢把书里的重点内容，如新出现的概念、定义、定理、结论等用笔勾画出来，以达到一目了然的目的。

第二记：概记。

教科书通常都会留有很多空白处，如页边要比一般的参考书要略宽。实际上，留下空白处都是有一定的道理的。在听课或复习的时候，我们不妨用少量的文字，将大段的内容或重点简单地概括一下，以方便记忆和查询。

第三记：思记。

所谓思记，也是一种记录，只与"概记"不同的是，它需要融入思考。它所记录的不是教材中体现的，而是读书者通过思维从书中发掘、体会出来的学问。

说起教科书我们自然会想到教学参考书。把教参拿给学生看历来是老师们

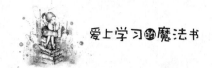

所忌讳的一件事。毕竟，教参一直都是只发给老师看的，即专门为教师所准备的参考书。可是，时代必然是不同了，转变教育观念不应该仅留在表面上，在理论方面，更应该在实践方面有所突破。孩子拥有了教参就像一下有了两个老师，即使对课堂上的老师所讲的知识没有完全接受也可以在课余时间借助第二个老师（教参）的力量来就自己的实际情况进行更好的学习。以语文为例，语文教参给学生提供了大量的课本上没有的信息，如对课文的说明、补充解释和一些赏析文章等；特别是一些有争议的观点和看法对培养学生的创新思维能力是很有用的。当然，对于教参上的某些信息，老师在讲课的时候会有所提及，但是从此点上来看，老师讲出来要比学生自己去看更费时，除此之外，也不利于培养孩子自己手查找资料、捕捉信息的习惯。

孩子拥有了教参所得的收获是显而易见的，但是所带来的弊端，我们也不可视而不见。

（1）有些学生学习基础较差，光是课本上的知识都弄不懂，而我们都知道教参是用来指导课本的使用的。对于这类学生即便是看了教参也必定是一无所获，那便失去了其意义。

（2）教参里提供了一些孩子十分想得到的信息，这类孩子所关注的点并不在教参所拓展的知识上，而是瞄准了轻易可以完成家庭作业的参考答案。倘若真是如此，孩子看教参只是为了抄答案，那么看教参无非是助长了孩子不劳而获的坏习惯。

（3）老师的板书内容多源于教参，倘若孩子也拥有了教参，那么会不会因为"书"上有而不再上课认真听讲，认真记录课堂笔记等，这些都是我们要十分注意的问题。

新的时代呼唤新的理念，新的理念要求新的方法。我们可以让孩子去尝试新的方法，但是归根结底还是要落到孩子是否可以在知识上得实惠，有发展。希望每位家长和老师都能成为坐在孩子身边指导学习方法的人。

正确对待批评——帮助进步的武器

俗话说："良药苦口利于病，忠言逆耳利于行"。赞美的话人人都爱听，批评的话却未必人人都可以接受。对于孩子来讲更是如此，执拗的青春往往让他们在面子上承受不住大人的一句，事实证明，特别是在学校这个特定的环境里，老师无心的一句批评很可能会引发孩子的"恨师情结"，因此一蹶不振，荒废学业，致使学习成绩直线下降，甚至影响到孩子未来的发展。我们应该如何去引导孩子让他们以良好的心态去面对批评，让批评从阻力转变成动力，从而让孩子变得更优秀呢？下面的方法也许会对你有所帮助。

1. 冷静面对，虚心接受

首先，去做一个勇敢的孩子。当批评劈头盖脸地来到时，受批评者越是狡辩，越是反驳，越容易与批评者激发出更大的矛盾，形成僵局。无论对方的批评对与错，先要稳住自己的情绪，耐心地听一下，倘若批评者的话语过于激烈有什么地方伤害到自己的时候，也不要急着去应对，而是在耐心听完后，待对方的火气没有那么大了，再向对方说出你的意见和想法。这样做可以让事情得到更有效的解决。特别是孩子面对老师的批评，师者为长也，作为学生应该给予充分地尊重，即使是老师的批评有些过激也应努力克制住自己的火气，如果错在自己就一定要虚心接受，反之也应该适时而定，在可以解释的情况下进行必要的解释；一时不便解释的可暂时放下，留待下课或以后适当的时候再作说明，避免和老师产生冲突。

2. 换位思考，体谅他人

收起自己的"暴脾气"，无论听到了什么，不必一触即跳，要体谅老师出于"恨铁不成钢的动机"，千万不要产生"老师故意找我麻烦"的想法，更不要觉得"老师认为你一无是处"，一旦发现了类似的抵触情绪，应及时调整心态，设法消除；否则，不但于事无补，反而会因为受到老师的批评而引发对他所教的科目也提不起兴趣，从而害了自己。心态难以平和时不如换位思考一下，想一想老师平时对你们的付出，想一想老师面对几十个孩子所承受的压力或是回忆一下老师关心你，爱护你的那一刻……倘若能如此设身处地地体谅老

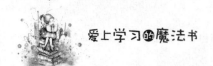
师，即使老师的批评有误，受批评者也不会与老师发生顶撞、抗拒的事了。

3. 采取主动，缓和关系

作为学生来讲，多半时间都是在学校度过的，与老师接触的时间最长，被老师误解，受到了不公正的批评也是在所难免的。面对老师正确的批评，学生自然要虚心接受，倘若真是老师的判断有错，出现了过失，也不要与老师针锋相对。待双方的心态都趋于平和时，老师也是讲道理的。当然，遇到双方都在气头上时，你未能控制住自己的脾气，已经造成了双方的僵局也不要懊恼，主动与老师沟通，无论老师的批评对与错，都要先为自己与老师顶撞的行为先行道歉。只要愿意主动与老师沟通，喜欢与老师接触，老师就一定会原谅你，并且愿意成为你的好朋友。这样与老师的交流多了，距离近了，既有助于学业的进步，又能学到做人的道理，何乐而不为呢？

4. "忍辱负重"，终见彩虹

有的时候，不作任何解释而是通过自己的实际行动用时间来证明一切也不失为一种解除误会的好办理。比如老师认为你学习成绩上不去，你就要争口气，把成绩学上去；老师说你连高中都考不上，你就考一个最好高中来让大家看一看。别人预言你不行，你就以行动来让预言不攻自破，那时，老师又怎么不会对你另眼相看呢。事实胜于雄辩，有的时候，"做"要比"说"实惠得多。

批评并不令人讨厌，相反，在很多时候，它反倒是你前行的指南针。所谓当局者迷，当你处在"第一名"的喜悦中不可自拔，当你忘乎所以地只顾着疯玩而搁浅了学业时……批评总会给你当头一棒，让你瞬间清醒，迷途知返。学会正确对待批评，它将会让你成就不一样的人生。

利用身边资源——选择最佳的参考书

市场上教辅书种类繁多，到底什么样的参考书才是最适合于孩子的呢？一本参考书用到底好，还是要多备几本参考书佳呢？在参考书的选择上是否有什么高招呢？这些问题都是令家长困惑不已的。选择参考书不可盲目，应遵循以下几条规则。

1．三条标准值得参考

（1）看重出版社

选择较有名气的出版社，这样一来作者的水平可以有所保障，自然可以有效地保证参考书的质量。

（2）看重出版时间

时代在发展，参考书也在不断变化与更新，出版时间越早，离实际意义就越远。

（3）看看编者

名师、名家或权威教育机构更值得信赖。

2．三类复习参考书

（1）偏重讲解与例题的参考书。

（2）讲解和例题兼重的参考书。

（3）以练习题为主的参考书。

3．参考书会选还要会用

（1）参考书的使用是有必要性的，但是一定要摆正主次之位。课本为主，参考书为从。看参考书的目的主要在于补充课本，加宽知识面，进而加深对教材的理解，提高学习效率。

（2）参考书最主要的目的在于通过所学知识来加深其理解，所以孩子在做练习之时定要做到几点要求：还是那句老话，教科书是基础，练习的目的在于巩固和熟悉，要求孩子要在理解教科书的基础上独立完成，切莫打有"抄袭"和"照搬"主意，那样所谓的练习就成为一件自欺欺人的事了；做练习不可盲目，抓着一本就写，看见道题就做是不会对学习成绩有帮助的，做练习要有针对性，攻破难点及自己的弱点，切莫搞题海战术，那无非是多劳而无功之事；要留心总结解题方法，寻求解题规律，以收到举一反三、触类旁通的效果。

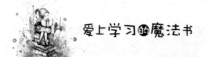

合理安排假期——挤出更多的时间

教育家叶圣陶先生说："什么是教育，简单一句话，就是要培养良好的习惯。"孩子在学校有校规和老师的约束大都还可以按部就班地展开学习活动，可是随着假期的到来，孩子的自由活动时间就会一下子多起来，怎样帮助孩子安排好他们的假期学习生活呢？怎么让孩子利用好这段时间来弥补学习上的不足呢？

1. 设定学习计划

考试是检验阶段性学习成果的工具，在寒、暑假到来之前，通过期末考试，往往会暴露出孩子在知识和能力上的欠缺，比如，数学能力稍逊，英语词汇量掌握过少，或是字体写得太难看等，都可以利用长假来好好"进补"一番。能否在新学期保持名列前茅或是迎头赶上就要看寒、暑长假利用的效率如何了。刚刚经历了期末复习的紧张时刻，学习热情还没有退去，却因为长假到来的缘故而撂下了手里的学业，单单顾着玩耍，这将十分不利于前期所学知识的记忆与巩固。学习是一个动态、持续且连贯的过程，保持它的一贯性和稳定性有助于孩子记忆的加强、理解的深化与状态的稳定。

2. 升华"自我"

假期相对于上学期间来讲相对轻松，孩子可自由分配的时间较长。家长不要单单地把孩子拴在课本上，枯燥的学习方式会锐减孩子的学习兴趣。家长不妨给孩子创造一些可以读课外书的机会，可以买给他，也可以带他去图书馆或是书店，让孩子也学着看些名著，读点科普读物，以开阔眼界，增长知识，提升个人能力。

3. 辅导班的选择

假期到了，补习班的选择是最令家长头疼的。数学、英语、作文等多种辅导班，孩子到底上哪种才最合适，应该报多少个班才最适宜，用报辅导班的方式来约束孩子的假期生活是否有效，都成为家长最想知道的事情。

（1）上辅导班的必要性

孩子是家长的心头宝，一方面希望孩子可以充分利用长假时间提高成绩，另一方面却不愿意看到孩子即使是放假仍坚持苦读。放下矛盾，我们来一起分析，孩子平时在学校里学习节奏较快，即使再负责任的老师也不会因为一个孩子的"不懂"而轻易搁下一个班的学习进度。因此，那些在课堂上还没有来得及弄懂的知识如果没有及时地复习和巩固就会被逐渐叠加而积重难返，形成盲点，从而使学习成绩不理想成为必然之事。而寒、暑假期正好是弥补不足、清理知识盲点的最佳时期，因此帮孩子选择一个合适的假期辅导班还是非常有必要的。

（2）辅导班选择的注意事项

辅导班的选择不应过于随意，建议家长要有计划地在孩子未放假之前便搜集相关信息，最好可以实地看一下，比较一下，而后再做出最终抉择。在选择时，辅导班的实力和师资力量是列入考虑范围的必要因素，学校的规模、硬件设施以及在读学生情况都应列入其中；其次，辅导班的学习模式也应该受到重视，1对1模式还是分大、小班授课，家长要根据自己孩子的性格特点做出选择。再者，如果家长没有时间去了解辅导班的具体情况，那么办学历史及口碑是家长在较短的时间内选择辅导班的重要依据。

（3）哪类孩子最适合上辅导班

并不是所有的孩子都适合于报辅导班，倘若得不到孩子的配合，就失去了上辅导班的意义，其充其量只能与"托儿所"画等号，所以，了解自己的孩子适不适合于上辅导班是十分有必要的。第一类：以"学有余力"为辅导目标的中小学生，辅导班的作用在于帮助他们快速地适应学校所面对的各种课程，辅导课程具有较强的针对性；第二类：成绩中等或偏上的学生。他们以毕业或考学为学习目标。辅导课强调的是考试能力和技巧的点拨；第三类：基础差，学习成绩不佳的学生。辅导班一方面对已学过的知识做一次深化性的总结，另一方面对下学期所学习的内容进行预习，以便这类学生可以迅速进入状态。

善待时间，时间也会善待你，请你把握好一切可以用来学习的时间，它将会赐予你琼浆般的蜜果！

第三章

学习兴趣
最好的学习导师

　　爱因斯坦曾经说过："兴趣是最好的老师"。美国心理学家布鲁纳也认为，最好的学习动力是对所学材料有内在的兴趣。有了学习兴趣，孩子便会对知识及相关的学习活动产生较高的积极性，从而在没有任何督促的情况下达到主动去学习的目的。

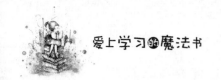
一、兴趣激发学习的无限潜能

伟大的教育学家孔子曾经说过："好学者不如善学者，善学者不如乐学者"。让孩子沉浸在快乐中的学习方式实际上才是最高效的。成功的教学方式绝不是强制，而是在于调动孩子内在的兴趣因子，以兴趣点为培养核心，全面激发出孩子的学习动机，才可收获事半功倍之效。

兴趣是学习的导游

孩子对学习失去兴趣有方方面面的原因，据调查表明最主要的表现在以下几个方面：不喜欢老师的授业方法，无法处理好师生关系，学习负担过重，对学习成绩缺乏重视，将学习看成是一件痛苦的事等。无论是哪种原因，它们所导致的结果是一样的，就是对学习产生了抵触情绪，甚至引发焦虑、恐惧。当一个学生屡次遭受失败打击的时候，他就会变成一个差生，这便是差生产生的主要原因。

1. 杜绝不良兴趣

不良兴趣的三大凶：电视、电脑、手机。时代进度变更的产物在给一群人带来无限快乐的同时也会无形中"毁"了一些人。随着科技的飞速发展，能诱惑住孩子目光的东西越来越多，它们表面上看来都比学习好玩，但从深层次上来看，未必比学习有意思。玩的过程可能会觉得很过瘾，很放松，但是当这些看起来很好玩的东西在不知不觉中就浪费了你一个晚上的时候，心里定会感到无比的空虚和失落。别给孩子留下后悔的机会，他们在这个时候需要你！

（1）电视瘾

有很多孩子是伴随着儿童电视节目成长起来的，即使是孩子上了中学，也有许多孩子只要放学一回到家就马上打开电视观看，恨不得把电视中所演的内容一口气都吞进肚子里。诗词歌赋背不出，数学定理、化学公式记得稀里糊涂，广告词却一字不错。我们的家长是不是应该反思一下了呢？当然，电视是世界的窗口，是知识传播最为有效的途径之一，如若完全禁止孩子进行观看，也是一种资源的浪费。不妨为孩子观看的内容及时间把把关，别让他们沉入其中不可自拔。

（2）游戏瘾

在这个网络游戏疯迷的时代，很多原本学习成绩十分优异的孩子成了牺牲品，游戏瘾使他们玩得学不上了，老师、家长不理了，除了游戏一切都无所谓了。家长不要因为工作忙而把孩子扔给了电脑，中小学生自制能力有限，面对满世界的诱惑，他们往往只会被动而从之，最后弄得自己无法脱离。到那时，家长就会追悔莫及了。

（3）尽量不给孩子配备手机

现在的孩子几乎每个人都会有一部手机，家长的想法很简单，一是别的孩子都有自己的孩子倘若没有可能会低人一等；二是方便与孩子保持联络。可是，手机在孩子的手里却变了初衷。他们一刻都离不开手机，上课的时候都不会把它关掉，甚至时不时地摆弄一下，这无疑是对自己极度不负责任的行为。所以，家长尽量不要给孩子配手机，即使是有特殊情况一定要配，也不要配高级的，功能越少越简单越好，以减少手机对孩子的吸引力，扫除它成为学习"拦路虎"的可能。

2. 培养学习的兴趣

兴趣是最好的老师，也是学习的第一动力。中小学生的"向师性"往往表现得十分强烈。一个学生如果对某学科的老师印象好，学习的兴趣就会随之而来，铆足劲的前进。可是，倘若一个学生对某学科的老师印象不佳，那么这个学科基本上也就被连带的没什么乐趣可言了。但是老师也不可能是完美的，更不可能保证每一个学生都喜欢。这就需要家长从中起到穿针引线的作用，帮助

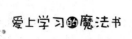

孩子将心态调整好，和老师的感情好起来，学习兴趣也就越来越浓了。

除了"向师性"的影响，学业上连续的失败也会令孩子对学习失去兴趣，从而表现出食欲不振、孤独、懒散、过敏、闷闷不乐等行为，要想改变这种现状，家长不妨从以下几个方面入手：

（1）学校里的教学方法中总有一些枯燥无味，很难引起学生感兴趣的内容，倘若无法改变老师的教学方法，不妨给孩子请一位教学方法新颖的辅导老师，用以激发出孩子的学习兴趣，从而产生学习的动力。

（2）兴趣的产生往往源于孩子的未知领域，正是因为不懂，不知，才最能诱发好奇心，激起求知、求知、探究、操作等学习意愿。学习的过程也要遵循深浅得当的道理，倘若基础都没有掌握好，却逼着孩子去做难题，就会令他们畏惧学习，降低了学习的兴趣。但是，教学内容也不宜过浅，人的潜意识里都是喜欢挑战的，倘若毫无难度，千篇一律，也会使孩子丧失学习的兴趣。家长及老师一定要斟酌而行。

（3）每个人都存在着他闪光的点，留心观察孩子所感兴趣知识，趁热打铁，别让产生天才的机会擦肩而过。

（4）学习兴趣也是渐行渐稳的，学生在学习新知识的初始阶段即使是兴趣产生了，在遇到困难，屡冲不过的时候，同样会使这些刚刚萌芽的兴趣锐减。可是，如果在遇到困难，并度过了难关的时候，学习兴趣就会渐趋稳定。由此看来，兴趣的种子只知道种下去是不行的，还需要不断地浇灌、培养，在孩子举步难行的时候，拉他一把，孩子将会受益无穷。

学习兴趣源于美丽的梦想

哪哪间学校出过名人；哪哪间学校风景怡人；读哪哪间学校无尚荣耀；读哪哪间学校是我心中的梦想……天下学校如此多，总有一间是你所想去的。家长要引导孩子对某某大学产生向往，如果条件允许，不妨带他们多参观一些高等学府。校园中独有的文化氛围和优雅的环境定会引发孩子心所向往。趁着孩子陶醉之际，不妨点点睛，告诉他："只要你努力学习，将来就有机会来这里学习"。也许大学在中小学生的印象中还是模糊的，但是美好的东西，人人都会向往，当他们发现如果自己通过努力就可以拥有这份美好的时候，心中那盏向往的灯已经在不经意中点燃了，从而，他们定会增加动力，用实际行动去圆今天种下的这场"梦"！

学习成绩差的孩子几乎都会对自己的未来无所憧憬，觉得怎么学也不会有什么好结果了，因此自暴自弃。这种行为是令人家长和老师所痛心的。小小的年龄，未来的路还很长，未战先败，输得窝囊！学习差又怎么了？这说明进步的空间会更多；考试考倒数又如何？在下次考试中无论你前进了几步，那都可被称之为进步。毁了前程的往往并不是成绩一时的好与坏，而是缺乏向前看的精神。未到最后一刻谁都没有权利去揣测，结果的好与坏，就在于你用什么样的心态去面对了。每个孩子心中都要怀着一个美丽的梦想，不是家长或是老师为你设定的，而是你全心所向往的，无论现在学习成绩如何，告诉自己仍然存有追梦的权利，别理会他人的侧目与嘲笑，做你自己，只要肯努力，一切皆有可能！梦想就是理想，有理想就意味着对美好的明天充满了无限的憧憬与向往。西方哲学的奠基者苏格拉底曾说过："世界上最快乐的事，莫过于为理想而奋斗"，不要总是认为孩子还小，梦想似乎离得如此遥远，只要从小就怀揣着梦想，它就会帮助孩子扫除成长道路上的一切艰辛阻碍，披荆斩棘地赢得自己理想的人生。

快乐学习的必要元素

快乐是一种健康、拼搏的心态，它会引导孩子以积极、进取之姿去面对学习生活中所遇到的困难和挫折。在快乐的领域中，学习被看做是一种享受，每一次新知识的获得都是一件令人振奋的事。孩子在快乐的氛围内，上课、作业、预习、复习等都成为有趣的学习过程。

1. 让学习成为快乐的过程

每个孩子都应该让自己成为学习领域的创造者、研究者，甚至是游戏者。在听老师讲课的时候，不能将自己置于录音机的位置，只知被动接受，缺少

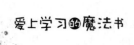

思考的过程，这样的学生实质上是不合格的。听课不是目的，听懂才是。倘若只是简单地听老师讲课，按老师要求做作业、读课文，只熟悉了这个框框，却没有找到真正的门路，即使你十分听老师的话，按部就班地做老师安排的任何事，知识上却仍然是费解的。长此以往，你又怎么会获得排行榜上的辉煌呢？

（1）快乐源于兴趣

快乐学习就是一种沉迷，而兴趣就是它生长的温床。培养孩子对学习的浓厚兴趣，是促使孩子积极、主动学习最好的诱发剂和最有效的精神振奋剂。有一句话说："会者不难，难者不会。"只要是孩子在学习中感受到快乐，他们也会像打游戏那样上瘾，不可自拔。有很多家长自定义孩子为"不是学习的料"！这种做法无非是对孩子兴趣产生的扼杀，兴趣绝不是与生俱来，兴趣是创造出来的。因此，家长不必再拿着"小皮鞭"强逼着孩子拿着课本死记硬背，也不必给他们留下大量的课外练习，这种强制性的方法对于孩子的教训无非是南辕北辙，学习应该在兴趣上下工夫，而不是在进度上。当然，适当的压力对学习也可以起到积极作用，可是你要明白，压力同样会使孩子总是处在一种被动的状态中，即使本来是一件很快乐的事情，在压力的作用下也变了本质。

（2）轻松即会快乐

很大一部分孩子是因为学习任务繁重，从而对学习感到厌倦。大家都知道这样一个道理：人在保持轻松状态的时候，大脑皮层的神经元才能形成兴奋中心，思维才会随之变得敏捷。所以，学习一定要遵循由简入繁的规律，要根据孩子的个人能力及时调试知识的量和难度，让孩子对学习产生轻松感，进而亲身体会到快乐的滋味。

（3）快乐的必要元素：肯定与鼓励

在生活中，每个人都需要得到别人应有的肯定，从而认识到自己的价值。在学习生活中，孩子也需要成功感、自豪感、满足感作为快乐的作料，所以，家长在孩子有了成绩时，要及时地给予肯定和鼓励，并表现出喜欢和孩子一同分享成功的意愿，并对孩子下一次的成功给予厚望；在孩子成绩大幅度下降时，不要急着批评，而是要耐心地与孩子进行沟通，了解其原因。对待孩子的教育问题，最忌讳家长的"阴晴脸"，成绩好时，又是秧歌，又是戏，把孩子吹捧上了天；成绩差时，劈头盖脸一顿骂，使孩子情绪低落，丧失信心。为孩子打造一个宽松、和谐、民主的学习环境，让他们能健康、快乐地享受每一天。

2. 让高效成为快乐学习的产物

快乐学习是指，以平和的心态去面对学习上所遇到的挫折和困难，从而在学习过程中保持高效、敏捷的一种学习境界。在学习生活中，有很多孩子很用功，学习时间比他人长，题做得比他人多，可是成绩却仍然停滞不前；而有的孩子学习时间总是很短，似乎也没有那么辛苦，却总能够获得到可喜的成绩。这种对比，常常那些性格要强，成绩却不佳的孩子感到无比的痛苦。付出与回报严重失衡的状态使他们丧失了学习的信心。为什么会有如此大的差距呢？排除学习方法的原因，最主要的因素就是快乐的心情了，只有那些怀着快乐的心情学习的孩子才能感受到乐趣，才会进一步激发起对学习的兴趣。这就好比是打战，敌人没有开火呢，自己去没有兴趣了，厌倦了，又怎么不会成为败军之将呢？学习也需要这种气势，保持愉快的心情，积极地投入其中，效率自然会有所提高。

3. 让每个孩子都体会到快乐学习的幸福感

"说"不如"做"，即使我们将快乐学习描述得天花乱坠，如果家长和孩子不知如何去实践，那一切就都如纸上谈兵了。

（1）立一个鼓励的"奖项"

存在偏科现象的孩子不占少数，他们的共同点是，对喜欢的亦加喜欢，对讨厌的倍加讨厌。他们往往将自己的学习精力几乎都放在喜欢的科目上，而对于讨厌的科目则采取能避则避的方法。例如，做作业时，会优先挑自己倾向的科目做，而对于那些讨厌的科目，做不做都不一定了。倘若你的孩子也有这种行为，一定要鼓励他先去攻克他不喜欢的科目。在每次做作业时不妨把这些科目放在前面做，如若坚持下去，有了进步，家长就要给将事先约定好的"奖品"拿给他，直到他在讨厌的科目也寻找到了兴趣的所在，能够主动去完成为止。

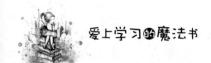

（2）珍惜时间，劳逸结合

为什么要把"珍惜时间"和"劳逸结合"放在一起说呢？有很多孩子学习已经很累了，却仍然想苦读，不肯把时间奉献给可爱的睡眠。可是，奇怪的是在平时学习的时候，却一会儿看五分钟电视，一会儿喝五分钟水，一会儿……虽然计较早睡的那段时间，却对平时学习中浪费掉的一分又一分，视而不见，顾此失彼，哪一个才更合适呢？适当地安排孩子的作息时间，不仅能够提高学习效率、增强记忆、降低失误，还可以让孩子养成珍惜时间的好习惯。只要懂得这个道理，调节好学习、休息、娱乐的时间比例，让孩子保持住良好的学习状态，那么学习也必将事倍功半。

（3）认识自己，量力而行

引导孩子去制定适合于他们自己的学习计划，首先要对自己 "求实"，不可估量过高，过高会导致制订计划目标过高，难以完成，从而使学习计划不能顺利推进；也不可估量过低，过低会失去向目标奋进的动力，从而使学习计划失去了意义。量力而为，才是上上之策。

天才的产生大都源于兴趣所在

日本教育家木村九一曾经说过这样一句话， "制造凡人的方法是极为简单的，那就是不让孩子热衷于某一种事物。只有这一点就足够了，对任何事物都不着迷，都不感兴趣，这就是凡人的特征。"我们反过来去解读这句话的意思便是倘若能够让孩子对所学习的事物产生浓烈的兴趣，那么造就天才的可能性就越高。

在福布斯排行榜上，2001—2007年蝉联世界首富，2008年排名世界第三，2009年又一次成为世界首富，2010年以微弱劣势降至世界第二……这个人就是比尔·盖茨。小学毕业后的盖茨征得了父母的同意后，进入了湖滨中学。在这里，盖茨第一次见到了计算机，并对它产生了极大的兴趣。而后，令人没有想到的是，正是源于一个孩子对这份兴趣的疯狂造就了一个令世界都为之一振的天才人物。湖滨中学是美国最早开设电脑课程的学校。当时还没有PC机，唯一的一台终端机还是社会和家长集资购买的，这台终端机每天只能使用很短的时间，运转每小时都会产生很高的费用。这个大家伙完全将盖茨迷住了，他像是哥伦布发现新大陆一样，几乎将所有的课余时间都献给了这台终端机。兴趣的力量是无可比拟的，在思考和不断地学习实践中，盖茨累积了大量的电脑知识，13岁时，他便独立编出了第一个电脑程序，并且可以在电脑屏幕上玩月球软着陆的游戏。这次成功将盖茨的兴趣点再次抬高，可是半年以后，湖滨中学却因为再也无力支付昂贵的费用，被迫终止了对计算机的使用。这件事情使盖茨痛苦无比，此时电脑已经是他生活中不可缺少的一部分。于是，他和同学们四处奔走，最终得到一个机会在一家电脑公司里用抓"臭虫"的报酬来支付操作电脑的费用。这种"臭虫"是电脑行业人给软件中的一种错误的代名词起的绰号，电脑中一旦有了这种臭虫就会导致电脑输出错误或死机。那时的盖茨已经对电脑软件着迷至深，几乎整晚都呆在电脑前，疯狂且贪婪地吸取电脑知识。通过一段时间的"以酬换酬"式的交易，盖茨在电脑硬件和软件方面又学到了许多书本上和学校里学不到的知识和技能。盖茨15岁时，在电脑方面就小有名气了。一家电脑公司找到盖茨，因为不能支付给未成年人工资，所以该公司决定以价值一万美元的电脑时间作为酬劳，并要求盖茨和他的同学们能够为公司设计工资管理软件。而后的数年，一次又一次地成功，致使盖茨对电脑的兴趣有增无减，甚至到了痴迷的状态。盖茨成功了，倘若说是机遇造就了这位电脑天才，倒不如说是浓厚的兴趣引导着盖茨不断地去寻找和发现机遇的机会，是兴趣成就了这引领于世界的一方伟业！

　　我们每个人都应当相信，最普通的音符也会奏出最华美的乐章，再小的兴趣也有机会创造出最壮美的人生篇章。在学习的道路上，中小学生都应该立比尔·盖茨为榜样，为自己身上闪光的兴趣点而不懈地努力，虽然进取的道路并不会一帆风顺，但是只要坚守住自己的信念，让兴趣点在实践中得以不断升华，相信谁都可能成为第二个"比尔·盖茨"！

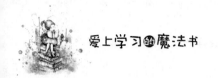

二、培养学习兴趣的方法与实践

什么是兴趣？兴趣是对事物喜好或关切的情绪。通俗来说也可以用爱好来对其定义。特别是处在成长期的中小学生，自制能力较差，注意力不易集中，爱好就理所当然地成为聚焦学习关注度的点，从而对培养孩子的兴趣起到了至关重要的作用。

从欣赏英文歌开始爱上英语

鲁迅先生说过："没有兴趣的学习，无异于一种苦役；没有兴趣的地方，就没有智慧和灵感。"在常规英语学习中，我们一直强调听、说、读、写四方面结合的重要性，却只把重心放在了课本之上，却忽略了一种既轻松又容易接受的英语教育方法，那就是英语歌的学习。兴趣是人类的一种情绪，如果人对某一种事物产生了兴趣，积极性就会显得异常明显。英语的学习也遵循这一特点，兴趣便是英语记忆及理解的金钥匙。经常听英文歌可以增强英语识记能力，并且可以有效地培养语感。因为歌曲本身具有节奏，无形中对发音的要求会非常高，另外，英文歌曲中会出现大量的略读、连读和重读等方式，所以对学习者的发音训练会起到很大的帮助。下面让我们系统地了解一下用英语歌来学习英语的几大好处及基本应用方法：

1. 学与玩的最佳组合

孩子毕竟还是爱玩的，倘若能让学习变成一件好玩的事儿那就能称为乐事一件。英语歌的学习完美地实现了这一点，把曲调和歌词结为一体，让孩子能够迅速地理解其中词语的含义，许多难点、疑点往往不需要经过语法书的指点便不攻自破。不仅如此，轻松的音乐也会使学习者放松下来，将往日"英语难学"的观点放下，听力能力及阅读能力才可以得到突飞猛进的追赶。

2. 提高语言认知能力

学习英文歌并不是目的，只是手段、方法和途径，最终还要达到学习语言的目的。所以，在孩子利用英文歌来学习英语的时候，最忌讳的就是走马观花，一下子听上几首英文歌，一首未记下什么又换了一首，那就真是纯享受了。如果想通过听英文歌的方式达到学习英语的目的就要对一首歌曲进行反复咏唱，以达到记忆的目的。这种方法与平时我们所提倡的多背例文有异曲同工之效，当孩子在其他英语语境中需要其结构时就可以信手拈来，轻松过关了。

3. 有声记忆更高效

学歌，实际上是在听到别人唱后的一种模仿行为，更为准确地说是在他人唱后，再去学唱的行为。所以，唱得准备于否将完全取决于听的准确度。听、理解、接受、记忆，这远比机械地记忆、枯燥的学习要快乐得多，轻松得多。如此多的好处，何以不试呢？

4. 歌曲是文化的体现

对于语言的学习来讲，文化底蕴是不可缺少的元素。英文歌有助于孩子们去了解一个国家的历史、地理、风土人情……由此看来，学习英文歌不仅对语言能力起到推波助澜的作用，对培养孩子更多的跨国文化意识，增长交易知识和能量都具有非凡的意义。

能让孩子从英文歌的世界中找到学习英语的劲头是件令人快乐的事，毕竟，学与玩终究可以两全了，这不是你所期盼的吗？

用知识解开生活中的为什么

孩子们本是带着好奇之心来到这个世界上的，刚出生的时候，他们的双眼打满了问号，对所看到的一切感到惊奇；牙牙学语后，兴趣似乎找到了可以宣泄的窗口，每时每刻都在询问"天空为什么是蓝色的"，"花儿为什么是红色的"，"小鸟为什么不会说话"……；上学后，问题被尚浅的知识镀了金，能像模像样地将"为什么"安排在数学应用题中，化学实验题中……随着孩子的成长，求知欲也在无止境地增长，学习便成为生活中的一件大事。当家长发现孩子为一些问题所迷惑，对解决问题燃起兴趣时，千万不要草草打发，敷衍了事，这样做很可能会在无形中抑制了孩子的求知欲望，将刚刚萌芽的兴趣判上了死刑。

举世闻名的发明家爱迪生从小就是一个爱问问题的孩子。他的母亲南希曾经当过小学老师，对教育孩子很有一套。爱迪生小时候喜欢观察周围的事物，具有强烈的求知欲望，凡事都喜欢问个为什么。有一次，爱迪生问爸爸："为什么会刮风？"爸爸有些不耐烦，回答说："爱迪生，我不知道"。没想到爱迪生却没有放过爸爸，又接着问："你为什么会不知道呢？"爸爸便说："你去问你妈妈吧。"爱迪生便找妈妈问去了。后来，南希对丈夫说，你不能总对孩子说不知道，这会无形中制约孩子的求知欲望。爱迪生不仅喜欢问，他还凡事愿意自己去尝试。有一次，妈妈看到爱迪生一动不动地趴在放了好些鸡蛋的草堆里，就奇怪地问："爱迪生，你在做什么？"爱迪生听见是妈妈的声音，便不不慌不忙地回答："我在孵小鸡啊！"妈妈一听大笑起来，并告诉他，人是孵不出小鸡来的。可是爱迪生却仍不罢休，又问："为什么母鸡能孵小鸡，我就不能呢？"妈妈便将人不能孵小鸡的原因讲给他听，爱迪生听得认真极了。后来，爱迪生上学了，由于问题常常使老师都无法回答，所以老师们都不喜欢这个爱问问题的"傻瓜"，让他妈妈他领回家。好在妈妈与老师们的想法不同，她十分重视孩子兴趣的发现和培养，并常常乘胜追击，在孩子意犹未尽之时，及时为孩子补充更加丰富的知识。妈妈的这种教育方式，使爱迪生对书本的学习产生了极大的兴趣，因为他发现只要所掌握的知识量充足，自己便可以解开生活中的许多问题。11岁的爱迪生在妈妈的引导下，开始涉足自然科学类书籍，尤其是对牛顿、电学家法拉第的著作产生了深厚的兴趣。不仅如此，在妈妈的耐心指导下，爱迪生自学了英语、数学、化学、地理、历史等课程，其中，化学是爱迪生最为喜爱的。兴趣是一种看不见的动力，爱迪生正因为对化学产生了兴趣，他经常想方设法地去猎取化学方面的知识，并把攒下的零用钱全部用来买试验用具，在家里的地窖里做实验。妈妈在发现爱迪生的兴趣点后，并没有认为这是孩子的"胡闹"行为，而是以满腔热情给予支持，并经常与孩子一起做实验，不仅在行动上给予指导，还在精神上给予鼓励。时间在前行，知识在累积，爱迪生渐渐地不再将实验的目的锁定在实验例证上，而是开始了按照自己的想法做实验。随着实验小发明的一件件成功，爱迪生的兴趣一发不可收拾，几乎到了痴迷的状态。他曾因为实验在火车上引起过火灾，也因此遭到列车长的两个耳光而使听力受损，可是这一切都已经无法阻挡爱迪生对实验发明的热爱。留声机、电灯、电话、电报等共约两千项创造发明，为人类的文明和进步作出了巨大的贡献，而爱迪生这个名字早已家喻户晓，成为全世界人民心目中的永恒。

在学习生活中，当发现孩子对生活中的某件事物产生兴趣的时候，作为家长都应该像爱迪生的妈妈那样，不仅要尽全力地去帮助孩子寻找问题的根源所在，还要趁热打铁，引导他沿着兴趣的点继续深入学习，使孩子学会用知识武装自己，进而去解开生活中的疑惑。这样一来，学习的目的也就自然水到渠成。

兴趣越浓学得越轻松

现在的孩子大多数都对学习兴趣短缺，除了孩子自身内部的原因外，绝大部分都源于考试失利、家长期望过高、压力过大以及学习方法不当等外界原因。孩子这些压力下，只能顺着他人的意愿被别人推着行走，根本享受不到学习的快乐，久而久之，厌学、逃学等现象的也就自然地发生了。实际上，要想扭转局面，让孩子能够主动学习并爱上学习也并非难事。人们通常都有这样一个共性，就是一旦喜欢什么东西，记起来就比较快。比如说娱乐圈的八卦新闻，众多明星大到拍过什么剧本，小到个人喜好，不用别人教，也不用特别去记忆，很多孩子却能记得分毫不差。这说明什么呢？不错，兴趣可以让任何人拥有"超能力"，兴趣越浓，学习越轻松，甚至可以变得不费吹灰之力。那么，孩子用什么样的方法才能实现自我培养学习兴趣呢?

1. 给"兴趣"一个着陆的温床

首先，要杜绝厌恶情绪的滋生，别让"不喜欢"、"我不行"、"学不会"等消极思想先入为主。而是要保持住积极的态度，理性地面对自己不喜欢的学科。其次，一定要对所学科目充满信心，知识就是"二皮脸"，你越怕它，它就越得寸进尺，你迎上它，它反而会败下阵来为你所用。所以，心里对不太感冒的学科要有一个喜欢的"念像"，久而久之，这种喜欢就会成为现实了。

2. 给"兴趣"一个积累的过程

罗马不是一夜建成的，胖子也不是一口吃成的。古人有句话叫做:"欲速则不达"。培养孩子对学习的兴趣也要遵循于这个道理，不要急于求成，最好先从拟定一个较容易被实现的目标开始，在孩子品尝过成功的滋味过后，再将所设目标一点一点地架高。而兴趣，就会像建筑工人盖大楼一样，一点一点地垒起、增高，达到最终目标。

3. 给"兴趣"来点成就感

要学会自我鼓励，特别是对从前那些在你看来毫无兴趣可言的科目更要如此。昨天背下了二十个英文单词，今天背下了三十个，你要在对自己说:"努力，果然见了成效";做对了一道从前自己认为很难的数学题，你也要对自己说:"又攻克了一道难关，真高兴!"等等。不仅口头上要进行自我鼓励，行动上也要进行自我奖赏。比如，倘若达成了目标，可以玩一次自己想玩的东西或买一件自己想买的礼物。总之，在学习的过程中要学会为自己的每一次进步，发现和提升的每个兴趣点进行"颁奖"，成就感就会与之自成。

4. 兴趣转换技巧浅谈

所谓兴趣转换就是指将原有的其他兴趣转移到学习上来，用此为基础来培养新的学习兴趣。一个孩子不管如何内向，如何顽皮、如何不听管教，总会存在他们自己特别感兴趣的事物，如果能够发现这些闪光点，再善加利用，定会取得良好的效果。例如，我们都知道爱因斯坦在上中学的时候只对物理感兴趣，并不喜欢数学，可是当物理学得深入的时候发现数学是其基础，既而便对数学也产生了兴趣。我们不妨也效仿爱因斯坦的经历，使兴趣点得到有效转换，比如，语文基础不佳，却对写作充满热情，那么你便可以通过写作练习有意识地向语文基础知识方面拓展，从而增强对语文基础知识学习的积极性；倘若你对生物、化学理论没有兴趣，却对实验课情有独钟，你便可以将实验紧密地参照于课本，让理论联系于实际，兴趣自然水到渠成。

5. 消除与"兴趣"有距离

讨厌数学，厌恶英语、对语文不感冒……为什么？从现在这一时刻开始查找自己对某学科不感兴趣的原因，坦然地面对内心最抵触的点，开始向它们发起挑战！倘若并不是学科本身原因，而是由于该学科老师的批评或误解而导致的，应该主动向老师说明情况，不要因为受了些委屈就拒绝去学习，那样耽误了自己，岂不是太傻了吗？倘若是自己对该学科不感兴趣，就要想办法激发起学习的兴趣。你可以想象一下成功后的情境，先让自己沾上一点学习的甜头，然后把它设定为目标，满腔热情地去实现它！

兴趣被激发出来，只是万里长征的第一步。要想在解决实际问题的过程中确立稳定的学习兴趣，就一定要使兴趣在不断运用中得以深化，其中最容易的方法就是不断地提出问题，思想问题，继而解决问题。问题会让盲目的学习变得明确起来，至少在你解决了一个问题之后，回顾一下，你是有所收获的。一开始强迫自己认真学习，并要深入到知识中，而后提出问题也许并不容易做到，可是只要坚持下去，一旦这些兴趣的种子冒出了芽，开出了花，学习就会变得越发轻松了。

自我培养

古今中外，凡有成绩者无不对自己所从事的事业有着浓厚的兴趣，兴趣推动着他们孜孜不倦地追求而取得成功。科学家丁肇中用6年时间读完了别人10年的课程，最后终于发现了"J粒子"，是第一位获得诺贝尔奖学金的华人。记者问他："你如此刻苦读书，不觉得很苦很累吗？"他回答："不，不，不，一点儿也不，没有任何人强迫我这样做，正相反，我觉得很快活。因为有兴趣，我急于要探索物质世界的奥秘，比如搞物理实验，因为有兴趣，我可以两天两夜，甚至三天三夜呆在实验室里，守在仪器旁。我急切地希望发现我要探索的东西。"学生只有对学习感兴趣，才能把心理活动指向和集中在学习的对象上，使感知觉活跃，注意力集中，观察敏锐，记忆持久而准确，思维敏锐而丰富，激发和强化学习的内在动力，从而调动学习的积极性。兴趣的形成和家庭教育、教师的教学、周围环境的影响、学习者有意识的自我培养有关。在这里我们主要讲，作为学生如何自培养学习兴趣。

（1）积极期望。积极期望就是从改善学习者自身的心理状态入手，对自己不喜欢的学科充满信心，相信该学科是非常有趣的，自己一定会对这门学科产生信心。想象中的"兴趣"会推动我们认真学习该学科，从而导致对此学科真正感兴趣。一位学生对学习地理毫无兴趣，怀着一种焦急的心情等待下课铃声，为了培养对地理的兴趣，他作了这样的练习："我喜欢你，地理！"重复几遍之后，他觉得地理不像从前那样枯燥无味了。第二天他在图书馆借了一本有关地理的书，回家后，收拾一下房间，高高兴兴地读了起来，再上地理课时也开始听老师讲解了，后来很喜欢地理，总是急不可待地盼着上地理课。

（2）从可以达到的小目标开始。在学习之初，确定小的学习目标，学习目标不可定得太高，应从努力可达到的目标开始。不断的进步会提高学习的信心。不要期望在短期内将成绩提高上去，有的同学往往努力学习一两周，结果发现成绩提高不大，就失去信心，从而厌恶学习。持之以恒地努力，一个一个小目标的实现，是实现大目标的开始。

（3）了解学习目的，间接建立兴趣。学习目的，是指某学科的学习结果是什么，为什么要学习该学科。当学习该学科没有太强的吸引力时，对最终目标的了解是很重要的。学习过程多半都是要经过长期艰苦努力的，这种艰巨性往往让人望而却步，而学习又是学生的天职，不能不学，所以要认真了解每门学科的学习目的。看书上的绪言部分，听老师介绍学科发展的趋势，或从国家、社会的发展前景的高度去看待各门学科。例如，记外语单词和语法规则，常常是枯燥无味的。但记住以后，会给听、说、读、写、译等技能的培养带来很大的帮助，而且考试中也会得高分。如果我们对学习的个人意义及社会意义有较深刻的理解，就会认真学习各门功课，从而对各科的学习发生浓厚的兴趣。

（4）培养自我成功感，以培养直接的学习兴趣。在学习的过程中每取得一个小的成功，就进行自我奖赏，达到什么目标，就给自己什么样的奖励。有小进步，实现小目标则小奖赏，如让自己去玩一次自己想玩的东西；有中进步、实现中目标则中奖励，如买一本自己喜欢的书画或乐器等；有大进步、实现大目标则大奖励，如周末旅游等。这样通过渐次奖励来巩固自己的行为，有助于产生自我成功感，不知不觉就会建立起直接兴趣。

（5）把原有的其他兴趣转移到学习上来，以培养新的学习兴趣。每个人在少年儿童时期都有自己特别感兴趣的事，如爱玩汽车、爱搭积木等。到了高年级后，就应当去发现、了解与爱好有关的知识，如怎样当个好驾驶员？汽车是如何发动的？汽车的构造原理是什么？我所学的知识中那些和它们有关系？这样就把对学习的兴趣在原有的基础上发展起来。爱因斯坦中学时只对物理感兴趣，不喜欢数学，后来他在向纵深研究物理时发现数学是其基础，便又产生了对数学的兴趣。又如你对语文基础知识的学习不感兴趣，而对写作非常感兴趣。这样你可以通过写作练习，体会出语文基础知识的学习对写作的重要意义，从而增强对语文基础知识学习的积极性。

（6）在解决实际问题的过程中，确立稳定的兴趣。用学得的知识解决实际问题，一是能巩固知识，二是能修正知识，三是能带来自我成功的喜悦情绪。这种喜悦情绪正式建立稳定持久的兴趣所必需的。

（7）保持兴趣的最容易的方法是不断地提问题。当你为回答或解答一个问题而去读书时，你的学习就带有目的性，就有了兴趣。准备一些问题是很容易的，仅仅把每节的标题成问题就是了。例如学习阿基米得定律时，你可问：阿基米得定律的内容是什么？它是怎样发现的？怎样证明它的结论是对的？它的公式是什么？使用它应注意什么问题？我能否用其他的办法推出？为了回答这些问题，一开始你强迫自己详细看下去，但是，一旦你真正的往下看，你就会被吸引住。

（8）想象学习成功后的情景，激发学习兴趣。当我们满腔热情地去做任

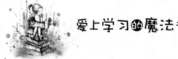

何一件事前，一般都对它的结果有了预期的想象，而坚持去做这件事情。例如你想象某个电影非常好才促使你去看，假如你事先想象这个电影不好看，那么你一定不去看。厨师想象出自己做出来的佳肴是什么味道，继而辛苦劳作；作曲家想象出自己作出的曲子会产生什么样的声音，从而激发出他的创作热情。你可以想象出考试成绩优秀，可以顺利进入大学，为家庭为社会作出贡献，为个人创造好的前程。也可以想象出考试成绩优秀，得到老师、家长的赞扬，得到同学们的羡慕等，从而激发学习兴趣，想象会帮你成功。

假如你能坚持用这8种小方法激发自己对某门学科的兴趣，相信你在不久的将来会对自己不感兴趣的学科感了兴趣。

怎样培养孩子的学习兴趣

兴趣从无到有的过程好比是用木柴生火。起初点燃的时候很微弱，需要精心保护。柴火间不可挨得过紧，不透风火苗就不会壮大，可是却也不能太松，太松了则聚不起火。除此之外，细心地呵护也是必不可少的，要不然，吹上一场风，火苗也就奄奄一息了。作为家长要如何为孩子看护好兴趣的火苗，使它越燃越旺呢？

1. 建设好互相沟通的桥梁

永远端着架子的家长很难成为孩子的好朋友，这就意味着，即使你想去帮助孩子解决学习上的困难，但是实际上他们却不愿意把这一切告诉你。大人应该注意建立与孩子之间的友谊，培养彼此的信任感、亲近感及友好度。而后，再行之引导教育之道就会轻松得多了。

2. 营造有利于学习兴趣培养的外部环境

我国著名心理学家潘菽认为："兴趣是学习动机中最现实、最活跃的成分"。孩子对学习有兴趣，就可以激起他对学习的积极性，推动他在学习中取得好成绩。这一切又都取决于是否存在可供兴趣之种生长的外部环境。家长不妨以身作则，和孩子一起读书、学习。参与到孩子的疑惑或讨论中，平等相处、共同探讨，使孩子从内心深处感觉到学习是件愉快的事。有一部分家长一面督促孩子努力学习，自己却带上一群朋友，在家里通宵达旦地打麻将。在这种环境下，学习的方法再好恐怕都难以引起孩子对学习的兴趣，相反，玩牌的技巧却被他们更加的了然于心。

3. 培养孩子的学习弹性

所谓的"学习弹性"，就是指一个人处理压力，面对挫折及接受挑战的能力。具有学习弹性的孩子，能有效地处理学习挫折，不良成绩，负面评价，以及学习压力。而这一切都要先归于家长起初的教育及引导方式。几乎人人都知道"填鸭式"的教育是浪费精力最多，取得效果最少的方法。可是，家长们却往往因为苦无他法，反倒是热衷于此。他们常常会把学习的焦点放到孩子的学习成绩上、班级排名上，却忽略了孩子所必需的"学习成就感"。当孩子拿回一张只有59分的考试卷子时，你是选择暴跳如雷，大骂孩子不争气的家长，还是做心平气和，帮助孩子分析并解决问题的家长呢？选择做前者的，骂了孩子一顿，自己也出气了，可是这样做却解决不了任何问题，反而会让孩子产生心理挫折感，负面消极的想法会让他倍感压力；选择做后者的，给予了孩子敢于去表达的机会，孩子也会顺着家长所想，产生正面且积极的念头，扫平在学习上存在的障碍，弥补不足，并对学习充满信心。

第四章

学习策略

轻松攻克高分线

　　所谓学习策略是指学习者为了提高学习的效果和效率，有目的、有意识地制定的有关学习过程的复杂方案。纵观孩子学习的过程，细致观察其中存在的问题，通过反复推敲，帮助孩子制定出一套具有针对性的学习方案，从而达到提高学习成绩的最终目的。

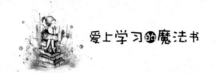

一、学习方法的运用

有很多家长和老师都抱怨孩子头脑笨，学什么都学不会，考什么都考不好，从而给自己和班集体抹了黑。其实，这个世界根本不存在笨孩子，也没有所谓的差学生，只不过他们不走运，没有意识到学习方法的重要性，未曾领略到学习方法的神奇之处罢了。

巩固学习——基础知识的重要性

现在的中小学生群中兴起了一股"奥赛风"，似乎现在具有专长天赋的孩子极度多，在普通的一个班级里，无论孩子学习成绩如何都难以挡住学习"奥赛"的热潮。真正会从这种学习中有所收获的孩子会有多少呢？特别是对于那些基础知识尚未掌握熟练的孩子，奥赛真的会使其脱胎换骨吗？这些听起来有些天方夜谭。当然家长的心都是望子成龙，望女成凤，其初衷都是好的，想法和实际却是不能画等号的。倘若是基础并不好，却为了挂着"虚名"而学，就失去了学习和做题的真正目的。大概有两种孩子适合学习奥赛，一种是学习余力大，学习能力强，学校所学的基础类知识已经很难满足于他的胃口，学习对于他来讲是件无比轻松的事；二种是在某一学科尤为突出，其光芒不可阻挡，那么即使是其他学科基础稍差也无关紧要。倘若你的孩子不包括在这两种类型中，那么孩子最好还是回归于基础，回归于课本为好。

1. 抓好课本，夯实基础

扎实基础，重视课后题。在考试之前孩子们习惯于在书本以外找题目来做练习，却对课本上的基础知识重视不够，这就使孩子在面临考试题的时候，觉得很多题目都似会不会，似懂非懂，对于准确的答案持"拿不准"的态度。在实际生活中，考试的整体难度一般不会超于课本难度过多，考点基本还是以教学中的重点为主，虽然在考试形式上会更为灵活，但是万变不离基中，只要学生能够结合课本中的知识来分析所给出的实例，考试便是一件轻而易举之事。

2. 善于整理，抓住重点

明明复习好了，可是落到考试上却不会运用，不知道应该用哪个定理公式来答题，这真是叫孩子和家长头疼的一件事。这种问题出现的原因到底在哪里呢？若想解决此类问题就要要求孩子在平时的学习中善于整理知识点，不能"死记硬背"，而是要边背边理解，再针对课本后那些具有针对性的习题，将其所理解的内容加以融入，待下次考试就不再会出现这些问题了。

3. 路不涉远，围绕考纲

中国还在走应试教育路线，这就离不开考试。而考试所涉及的出题范围又恰恰是围绕着考试大纲而进行的，出题必将会着眼于学科基础知识和技能展开考核，所以，建议孩子们在学习的时候不要偏离考纲要求，对照考纲中的难点和考点，找出薄弱环节，注意查漏补缺，这才是最佳的复习之道。

4. 集中培养，重点选拔

无论孩子在复习的时候侧重点偏向哪一面，却都不能忽视基础知识这一关。学习成绩差的学生不容忽视，学习成绩好的也要在确保基础知识都复习好了，不会再失分了的情况下，再进一步研究难题。考试最忌讳"轻视"基础，谁忽略了考试中占最大比例的基础部分，谁就很难拿到高分。对于那些学习成绩差的孩子来说，更应该对所学知识进行一次重点选拔，对照考纲，不要太执著于理解，而是要学会找出相对较容易的"理解"和"记忆"部分的知识点进行重点学习，以免出现因对所有知识点不分难度地笼统学习而造成的考试失利。

基础知识的部分在考试中为所占比例最大的一块，如果孩子一味地抠难题而忽略了这一部分的复习，使基础知识得不到有效重视，他是不会取得高分

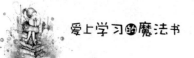

的。这就好比是丢了西瓜而捡了芝麻，孰轻孰重，我想你已经自有定论了。

优化学习——预习是知识的预热

有很多孩子都不重视"课前预习"这个环节，认为老师迟早会在课堂上讲的，何必费时费力地去提前自学呢？如果这样想，那你就大错特错了。实际上，学习就好比是吃饭，如果你吃四个饼才会饱，别人替你吃了三个，让你吃第四个，你会吃饱吗？预习的重要性在于"摸着石头过河"的体验，虽然你面对的是新知识，可能自学起来也只能弄得半懂不懂，可是在潜意识里你却可以深刻地记住自己是在哪个知识点上卡住了，自己在哪方面出现了理解错误。课前预习是孩子学好新课程，取得高效率学习成果的基础。如果省去了所谓的"麻烦事"，只凭着老师的硬性传授，上新课就会心中无数，难得要领。相反，如果做好了知识的预热工作，培养了自我学习能力暂且放到一边，听课的时候也会将被动转为主动，因为有了对新课程的初步了解，便可以集中精力去攻克自己尚未弄懂得重点和难点，学习自然就会变得轻松、有趣了。既然课前预习有如此多的好处，我们怎样才能做好课前预习工作呢？

1. **课前预习——思考**

孔子曰："学而不思则罔"，意思是说学习而不思考就会迷惑。一般来讲课前预习都是自学所以思考就显得更为重要。预习前，要估计一下老师将会在新课上讲多少内容，再根据所估计内容地量来实施预习计划。预习时，要将课程内容看上一遍，初步理解新知识，了解课程内容大意。还要思考一下，哪些可能成为老师讲课的重点、难点；哪些与曾学过的旧知识有相通的地方，对于所涉及的旧知识自己可以熟练掌握吗……只要做到以上思考要求，即使在学习上真的出现了拦路虎，只要记住自己不懂或不甚明白的地方，在课堂上认真听，跟上老师的思路，存在的问题也会很快被解开。

2. **课前预习——行动**

做课前预习就是要预先扫除新课程中存在的障碍，提高听课水平，以达到提高学习效率的目的。

（1）新课程有难易之分，要确定提前多长时间来进行预习，先行了解预习的内容和时间便成为重中之重。

（2）课前预习不要草草了事，走马观花式万不可取，一定要讲究质量，别把所有问题都积攒到课堂，要力争在预习时将问题消灭的越少越好。

（3）对于新课程要反复阅读，要将已知的知识和经验与新知识联系起来，尽力弄懂每一个新知识点。

（4）如遇到自己不能独立解决地问题，不妨请教一下同学和老师。

（5）在预习时，倘若发现对于新知识点所涉及地旧知识点记得不牢靠，要及时复习，别把问题留到以后。

3. 课前预习——注意

（1）预习虽然重要，但是万不要把过多地时间浪费于此，对于新课程，不必求全理解，百分百消化，只需在课本上做上相应的记号，把没有弄透的知识点记下来，以便在听课时可以很容易地理清其重点。

（2）预习也要具有选择性，孩子在学校每天要上的科目很多，如果科科都进行细致的预习是不合理的。因此，不妨先选些重要的，或自己感觉到学习时比较吃力的科目进行预习，等逐渐掌握预习规律和方法，并在时间条件允许的条件下再将预习工作全面展开。

（3）预习不可打乱正常的学习秩序。预习工作应排列在作业做完之后再行展开，就时间的多少来定预习的深浅程度。

（4）对于学习基础较差的孩子，更要注重预习环节，甚至要比其他孩子付出更多。因为预习做得好，他们才会在课堂上听得懂，万不可觉得预习是在浪费时间而轻易放弃，相反，预习反倒会弥补因上课听不懂而浪费的时间。给自己一点压力，相信自己一定行，记住一句话，"只要坚持住，铁杵磨成针"！

课后学习——复习要有针对性

复习就像是一个对旧知识进行加工的工厂，产品进去了，就会换上新的包装，存在了大脑的仓库里，以备不时之需。复习又像是仓库的管理员，能够有效地防止"遗忘"这个小偷来窃取记忆的劳动果实。一般来讲，学习好的孩子在记忆能力上并没有出众的地方，只是他下的工夫比他人深，能够经常从不同角度、不同层次及时地进行复习，正因为"每日复习，每周小结，每章总结"习惯的形成，才造就了他们看上去不凡的记忆力。很多学习不好的孩子总是觉得自己脑袋笨，记不住，你缺少的并不是一颗聪明的大脑，而是复习、多复习、勤复习的习惯而已。

1. 复习的要求

（1）复习要讲究时效性，上完新课后应及时地将老师所讲过的知识在脑子里过一遍，回忆一下自己吸收了多少，遗忘了多少，而后再根据课堂笔记，查漏补缺。

（2）复习就是要反复阅读教材，反复独立思考。回顾所讲过的教材时，应该带上思考的过程，对于重点、难点及尚存在的疑点给予记忆和深化理解。

（3）应该充分利用参考书和工具书，来充实课堂上所学内容，使其知识体系更加完整。

（4）继续整理和充实课堂笔记，对所讲知识进行合理归类，使知识简化、条理化，便于记忆。

（5）选择适当的课外练习题，在复习过后及时地使知识得以深化。当然，练习安排可以根据自身学习习惯来定，比如，可以边复习，边做练习等。

2. 复习的方法

（1）复习一定要讲究时效性，当天学习的知识最好要在当天消化，决不能拖拉。否则，时间一长，忘得多了，再进行复习就会觉得生疏，花费的时间自然也会加倍。

（2）复习时要抓住核心、概念、定理等，一个都不能放过，围绕中心，思考它们形成的过程，再加以理解和消化，达到牢记且会灵活应用的最终目的。

（3）复习的意思在再一次又一次地进行，一节课上完要复习一节课的，当一章节学完时，要进行总结，并将本章内容再从头到尾的温习一次。

（4）复习并不是杂乱无章的，要带上自己的思路和想法，比如要在脑子里形成"树型"模式，将知识点一环扣一环地联系起来。在考核时，只要涉及一个点的内容，其他的具有关系的内容就会争先恐后地涌入到脑海里，进而达到"牵一发而动全身"的效果。

（5）不要害怕复习过程中的"拦路虎"，反而要恭喜自己，又将有一个知识的盲点将被消灭掉了。每到这时，不要急着查找工具书或请教他人，先动脑思考、回忆，这样一来，即使这个问题最终还是通过看书或他人的讲解才明白的，但是却给自己留下了深刻的印象，下次再遇到类似情况的时候，就再也不会卡壳了。

（6）复习时，课本是基础，但是也不能完全依赖于课本，要适当地找一些具有针对性的问题来做练习。这种做法可以将理论和实践做一次很好的结合，可以有效防止看上去都会，一做题就错的情况发生。

语文学习——打好基础是关键

著名数学家苏步青教授曾经说过，"语文是学习工具，是基础，就像盖楼房需要打地基一样。数学是学习自然科学的基础，而语文则是这个基础的基础。作为一个有文化素养的青年，学会正确运用祖国语言，这应该是起码的要求吧。语文水平低，讲义看不懂，怎么能学好数学？你解数学题，连题目要求什么都不清楚，解题非错不可。语文水平提高了，阅读能力增强了，不仅有助于学习数学，还有助于学好其他科学知识。"倘若英语成绩不佳，我们尚且可以原谅，可是如果连自己的国语——"语文"都学不好是不是有些说不过去了呢？中小学时期正是打好语文基础的黄金时机，语文学科的学习是其他科目理解与运用能力增强的保障，理应引起老师和孩子的高度重视。

1. 语文学习中不可忽视的知识和基本要求

（1）语音：掌握汉字正确的读音，特别是对于常用字更要牢牢记住。

（2）汉字与词语的识记：在汉字方面，要懂其意，辨其形。即能够正确识别常见同音字，又要正解掌握常见多音字，以及准确辨识形似字，这些都是学习语文的基本功；在词语方面，除了识字外，理解更为重要，用心体会在不同语境中的不同语音，不同意义，掌握其精髓。

（3）句子：掌握句子的结构并能够正确运用句子表情达意。

（4）掌握书中要求识记的文学常识及精彩语段，名人名言等。

（5）注意古文词语解释的积累，以达到可以背诵出所有注释的标准。

2. 养成良好的语文学习习惯

（1）读书动笔：众所周知，语文讲究的是知识的积累，所以，平时看书的时候要注意在书上做些标记，以备复习时思路更加的清晰明了。

（2）勤练笔：写作是语文学习中的重头戏。很多孩子都怕写作文，这是因为平时做此类练习比较少的缘故。不妨让孩子试着去养成记日记的习惯，除去平时练笔时那些条条框框的规矩，而是把每天在生活中的所感，所思，所历写成文章，慢慢地，写作文对你来讲就会变成一件得心应手之事了。

另外，练笔时还应该养成孩子认真书写的习惯，本面干净，字迹工整，不但可以帮助孩子认真掌握汉字的规律和丰富的内容，也可以陶冶情操，培养孩子良好的意志品德。

（3）勤查工具书：语文学科的学习尤其不能少了工具书的帮助，特别是在中小学时期，正是语言和词汇积累的重要阶段，准确掌握读音、字形都应以工具书为依据。如果问题不能得以解决，那么它就总会是个问题。在读书时，要养成将工具书放在身边的习惯，遇到生难词，要及时查阅，切莫扔在一边置之不理。

（4）多读书：语文与其他的科目有所不同，光把课上好，得益并不明显。语文学习的特点在于，得法于课内，得益于课本外，所以，广泛阅读也是提高语文能力的一项重要手段。多读点书绝对不是"没正事"，相反，他对培养孩子良好的语言感知和领悟能力起到非常有效的作用。

3. 语文学科复习技巧

语文复习的目的在于把厚书读薄，归纳方法要讲究科学性，不能单单只当做知识的简单堆聚，而是应该遵循知识内在的联系及本质规律，便于更好的记忆和把握。

（1）整理笔记：语文的复习要参照课本进行，在复习时，最好在旁边准备一个笔记本，随时记下课文要求识记的生词、解词及文学常识等内容。这样做有助于进一步强化记忆课本上的重点内容，达到学习的最终目的。

（2）在语文课程学习到一定的阶段时，就要及时地对所学内容进行分类归纳。这种学习方法一定要打造课与课、章与章，甚至是上册与下册的界线，按照语文常用的类别给予区分，比如，生字、生词、修辞方法、成语大全等等，要将知识从个别的、独立的课或章等范围中解放出来，把对知识的总结纳入了知识体系的轨道，从而使我们对知识的特点及联系了解得更为深刻。

（3）语文知识体系比较复杂，分类较多，不妨采用绘表或时间轴的方式来进行归纳分类。比如，同音字、异形字等列在表格里会更加的清晰明了，便于记忆；而对于文学常识类，诗人、作家称号或作品的记忆，则可采用时间轴的方式，按照生活年代等进行排序，这样可以将分散的知识点串联起来，便于记忆。

数学学习——决战满分不是梦

数学是中小学生必考科目之一，重中之重。单就考试分数而言，只要将知识掌握得够牢，运用得够活，就完全有可能实现数学满分的梦想。而在这一点上，语文、英语等文科类学习课程几乎是很难做到的；再就知识体系而言，数学更讲究逻辑性，未知知识往往可以通过已知知识进行推导而出，它就像是一座取之不尽，用之不竭的宝藏，只要寻"宝"的人有兴趣挖下去，就定然会有新的发现。数学的学习在于抽丝剥茧，只要孩子尝到了甜头，找到了学习的门道，就一定会喜欢上数学，并使它成为攻打排行榜的有效工具，从而赢得主战场上的最终胜利。

关键1：知识及方法的整理

（1）知识的精炼

数学练习资料铺天盖地，如果没有选择性，抓上一本就去做，定然不会对提高成绩起到作用。对于学习数学来讲，做练习题不要操之过急，可以暂且放下，而对于知识内容的整理却一定要跟上学习课程的脚步及知识的深入。每过一个阶段，都应该对所学的知识方法进行归纳，比如，主与次的分类、中心概

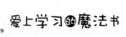

念及定理的整理等。切记，不要将数学知识的归纳整理当成是简单地堆积和罗列，它也是一个帮助孩子复习与记忆、消化与理解的过程，使学习者不但要知其然还要懂得其所以然，从而达到学习的真正目的。

（2）老生常谈：定要及时复习

及时复习，可以有效地提升学习者对数学基础知识、基本方法的熟练掌握，加深课堂印象，依照人体生理特征，将短时记忆向长时记忆过渡。切记，数学的复习不宜搞突击策略，如果一定要把所学知识攒在一起进行集中记忆，所取得的效果定然是不理想的。数学的记忆不仅仅是呆板、机械地记忆，理解更重于形式，消化才是关键。

（3）掌握数学学习的方法

学习数学的关键在于概念及其学习要领的掌握。

对于数学概念的学习主要有两种途径，一是多做练习，在不断地学习中渐行渐体会，再经过总结归纳形成一套自己特有的概念体系；二是运用自己已有的知识去理解和掌握新概念，也就是用自己的方式对新课程进行全新解读。无论运用哪种学习方法，还应遵循以下原则：要抓住概念及定理其本身所提示对象的本质属性；要充分理解概念、定理可引出的其他对象主体，比如，我们常常在课本里见到的"定理"后，再由它引出的"定理1"，"定理2"等；定义概念中的条件为充分必要条件，即既可作为判定定理又可作为性质定理。

对于数学要领的学习主要有几下几点：一是打牢基础，概念、公式、公理、定理等基础知识给予正确理解和掌握；二是要多看课本上的例题，以它为核心深入研究其结构、方法、技巧及规律；三是对于自身知识点薄弱之处，要在复习巩固的过程中多下工夫，做一些具有针对性的练习，以达到加强记忆，提高实践能力的目的。

关键2：不可忽视的数学思想教育

一看题，便知晓题目所要考查的内容，这就证明数学学习已经小有成就了。从这时起，就要进入到数学思想学习的深化阶段。数学思想包括函数与方程思想、数形结合思想、分类讨论思想、转化与化归思想。一切数学行动都是以其思想的引导下展开的。基础掌握牢固之后，就要适当地将数学学习向深处引导，比如数学兴趣班、数学竞赛等，以数学活动的训练为跳板，帮助孩子去赢得数学成就的又一个春天。

关键3：建立良好的数学习惯

养成良好的数学习惯后，孩子便会觉得数学学习是一件轻松而有序的活动，再也不会成为学习的负担。这些习惯包括：经常质疑、勤于思考、善于归纳、动手操作、注意应用等。

关键4：学习数学的几点建议

（1）数学也要记笔记，重点记下课堂上老师所讲的课外知识及技巧，以及自己对数学概念的理解及数学规律。

（2）数学要有错题本。每一次错误都不要轻易地放过，将它们所涉及的知识点及推理过程记录在案，认真分析，以防下次出现同样错误。

（3）数学学习要重视沟通。独立思考是学习数学的关键，但是一定切记物极必反，如果经过独立思考后仍然不得其解，就要适当地去请教他人，可以是老师也可以是同伴，千万不要钻牛角尖，死抠硬泡，耽误了更多的学习时间。

（4）数学分类可遵循以下方案，即数学思想分类；解题方法归类；知识应用上分类。

学习最宝贵的精神在于持之以恒，只要有正确地学习方法做指导，坚持下去，数学绝不会成为你的障碍，相反会帮助你迈得更高、更远。

英语学习——会学自然其乐无穷

古代教育家孔子曾经说："知之者不如好之者，好之者不如乐之者"，意思是说，无论面对什么事，求知的人不如喜爱的人，喜爱的人不如自得其乐的人。对于英语的学习来讲，兴趣爱好远比智力优势更具有效用。如若学习兴趣配与学习技巧作为学习英语的作料，那么这门学科一定会成为孩子们最为抢手的一道大餐。

1. 英语学习的技巧

（1）英语学习要点掌握法：万变不离其宗，掌握好基础才是硬道理。英

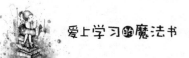
语基础包括：语音、词汇、语法知识，以及读、说、听、写的能力等。课本就是学习的首要工具，在复习时，要着重于基本功的训练，对每一项内容都要进行归纳和整理，以便熟练掌握。

（2）英语语音掌握法：英语学习者常常会闹出这样一个笑话，就是不会说英语的国人听不懂，会说英语的外国人也听不懂。这种现象说明，我们在学习英语时，对于英语读音的掌握还很欠火候。在英语单词中，读音有很多种变化方式，比如，同一个字母却可以发出不同的音，不同的字母却可以发出相同的音，甚至有些字母在特定的情况下不发音。若想要彻底解决这些问题，就一定要将国际音标和基本的单词读音规则牢牢掌握，其次，定要多听、多说，学其音，辨其调，以达到培养英语语感的最终目的。

（3）营造英语氛围：我们都知道如果改变学习的语言环境，形成所学语言种类的氛围，那么学习英语就会成为一件轻松而又自然的事情。有很多家长在孩子正在上小学甚至更小的时候就将他们送到国外生活也正是源于这个道理。当然，每个孩子都出国去学习英语并不现实，这就需要"人造"学习氛围出一把力。不妨在每天起床后，便打开广播接收到英语频道，让全家人浸泡在"洋"味中，无形中让孩子的耳朵对英语产生新近感，首先在心理上摒除了排斥思想。当然，如果家长英语尚可，在日常生活中也应有意无意的与孩子进行英语对话，以引起他们对英语的兴趣。比如，早晨用英语问好，问问孩子几点了，早餐想要吃什么等等。这对于练习英语口语是十分有好处的。

2. 学习英语的几点建议

（1）克服心理障碍：英语学习一定要抱着一种"大刀阔斧"的精神，家长要帮助孩子克服害羞、恐惧的心理，鼓励孩子开口去说，大胆地去说，哪怕是出错了，被人笑话了，也要让孩子保持一颗向上的心态，这是学好英语最为有效的途径，只要坚持住，定会取得良好的成绩。

（2）增加阅读量：不要认为课本以外的读物都是"闲书"，家长应该为孩子多挑选一些有意思的英文读物，并鼓励孩子通过借助工具书的力量，独立去读，去理解。家长在选择英文读物时一定要有所注意，起初要选择书页少、生词少且形象生动的去买，而后，随着孩子知识累积程度的增加，再逐步将课外英文读物的难度加大、加深。

（3）背诵经典短文：台上一分钟，台下十年功。要想在英语上取得好成绩，不付出努力是万万不可的。家长应该要求孩子多背些经典短文，这种做法对提高英语的写作能力是十分有益处的。中国有句古话，"熟读唐诗三百首，不会作诗也会吟"，背诵经典短文也是这个道理，多读、多背，对于英语学习来讲肯定是在益而无一害的。

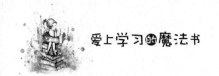
二、策略方案
——学习细节决定成败

　　作为学生来讲，获取新知识的时间大多都来自于课堂，听课是学生接受教师指导，掌握知识，发展智力的中心环节。孩子在课堂上学到的东西往往是在课下自己学习时很难得到的，如果孩子轻视了上课时间，那么他的损失将是巨大的，一可能是他需要花三到四倍的时间去学习才可补的回来，还可能就此落下，补不回来。这岂不是做了"亏本"生意吗？你要做这样的学生吗？

适合的才是最好——行之有效的指导方法

　　一种学习方法可以使一些学习成绩偏下或中等的学生一跃成为优等生，可是同样是这种方法对于另一些学生来讲却未必适用，不但不会取得良好的效果，反而会有些拔苗助长的味道。学习方法多如牛毛，万不要有病乱投医，看见别人的方法好就马上生搬硬套到自己的身上，那不一定会是你的"菜"。当然，别人的好方固然有可取之处，只要我们将学习方法的最终落脚点放在"适合自己"上，活用"拿来主义"，相对于自己来取其精华，去其糟粕也未尝不可。请记住，每个人都应该有一套属于自己学习计划，不在于它完不完整，精不精美，只要适合自己，那它就一定是最好的。

1. 打破陈规，因材施教

　　（1）自暴自弃型：表现为不爱上学、不守纪律、不听劝解、无心向学、屡屡迟到、作业马虎等。自暴自弃的性情绝非一朝一夕之事，这与孩子长期处在基础差，听不懂的低谷中有很大的关系。孩子不会的知识越来越多，再加上心生懒惰之心，久而久之，便形成了听不明白—不去听—更不懂的恶性循环之中。知识上掉了队，使他们在学习上屡屡受挫，失去了自信心及学习的热情。对待这种类型，家长应该照顾到孩子的学习情绪的波动，不可过于急躁，要做好打中长期战役的准备，平时多留心观察孩子的心理，创造机会让他们在学习上体验到成功的滋味，体会到自己的价值所在，而后再一步一步地激发起他们对学习的信心和热情。

（2）得过且过型：表现为丢三落四，无学习目标，无学习计划，主观能动性差，随意性和依赖性强。得过且过的处事特点是由不良的学习思想而造成的。随着年级的增长，所学的内容就会越来越难，越来越多。在作业多、考试频、课程难等多重压力下，适应能力较差的孩子往往一下子应付不下，产生了退缩的心理和行为，时间一长，懒惰就见缝插针地进入了。对待这种类型，家长要注意培养孩子自主学习的习惯和能力，充分调动积极性，并引导他们明确学习目标，制订学习计划，并坚持不懈地为此而努力奋进。

（3）烦躁易怒型：表现为情绪波动大，做事急躁、易怒，对家长或老师的教诲常常表现出极度地反感。烦躁易怒的性格特点正是缺乏自我调节能力的体现。一旦学习内容增大的幅度，越过了心理承受的防线，他们就会变得情绪消沉，无法再进行正常的学习程序，从而导致学习成绩下降的结果。对待这种类型，家长决不要以"暴"治"暴"，那只会让事情变得越来越糟糕，少批评，多鼓励才是明智的选择。另外，家长还要注重对孩子心理承受能力的培养，并要给予更多的关心和爱护，切记，好心情才是他们提高学习成绩的关键。

（4）有头无尾型：表现为对学习有兴趣，有热情，但是却往往是"三分钟热血"；常立志，却立不了长志；遇挫折易退缩，且退得"冠冕堂皇"。有头无尾的性格特点源自他们少得可怜的自控能力。这种类型的孩子往往在顺境中如鱼得水，一旦碰到困难放弃就成了他们的第一反应。对待这种类型，培养其意志力，提高自控能力是关键。家长不妨从小事入手，争取每一件事都要孩子坚持到底。比如，帮助孩子养成记日记的习惯，坚持每日自省反思，让他

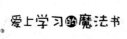

们从认识到自己的缺点做起。另外，在学习上，家长应该在心理上比孩子更坚持，不可得过且过，万不能让"今天就算了"，"从明天开始"等思想滋生，要将行动、要求坚持下去，直到孩子的思维惯性及行为成为一种习惯、一种规律为止。

2. 量体裁衣，实施计划

古书云，"知己知彼，百战不殆"。对于学习来讲，这里的"己"便是自己，特指在学习上便是成绩、素质、心态及相关外界影响因素；"彼"便是指所面对的学习内容及考试。只有按照自己的"尺寸"裁剪出来的"衣服"才是最符合要求的，最适合自己的。

（1）长期计划

若想让孩子能够取得进步，就一定要帮助他树立学习的目标。长期计划可以设定为半个一个学期或一个学期。目标可以以期末考试总榜名次为目标，比如，要考进前十名或是要上升五个名次等。如果只是在个别科目上有欠缺，也可以将目标锁定在单科的进步上，比如，数学要突破九十分等。长期计划要留有进步的空间，以此来激励孩子不断地向着目标挺进。

（2）短期计划

短期计划又称为近期计划，要以实际情况为出发点，时间长短可以以周或天为单位，比如，一周计划完成哪章到哪章的复习工作；天计划，要消化掉当天在学校学习的内容。

3. 拿来主义，未尝不可

学校里，老师经常会举办一些类似于学习经验交流会的活动。在活动中，学习成绩优异的孩子会将自己的学习计划及方法告诉大家，这本是一个"取经"的好机会，但是学习成绩较差的孩子将别人用得可心的方案"拿"到自己的计划中，却无法适用。实际上，学校的这种活动并不是真的让你拿着别人的好方法去硬性使用，而是要给你一种思想，一条思路，并不是真的让你"拿去"，而是让你做个"借鉴"，在此基础上再归纳总结出适合于自己的学习方法。比如，有的孩子喜欢起早学习，早晨是他记忆能力最好的时段；而有的孩子却喜欢贪晚学习，晚上他的记忆效果最好。学习时间的安排就要遵循个人情况而定，所以，家长和孩子都要认识到"拿来"并不是生套硬搬，再有效的学习方法都要经过再"加工"，才能够为己所用，才能将好刀用在刀刃上。

听课也要讲方法——根据学科特点来上课

孩子处于受教育时期，大部分时间都是在课堂度过的，老师也大多在课堂上将传道、授业、解惑之责做得尽善尽美。由此看来，听课便理所当然地成为孩子接受教育最直接且最关键的环节。那么，孩子应该运用哪种听课方法才能使学习效率得到有效提高呢？在面对不同的学习科目时，所倾向的听课重点理应有所不同，如果忽略了科目的特点，而专注于同一套听课方案，听课效果便可想而知。学习要追求事半功倍，少走弯路才可先他人一步踏上成功的彼岸。

1. 听课有效方案之基本通则

从老师的口头叙述中获取知识信息的要点，是每个学生都应该具备的基本听课能力，是获取知识的一个重要途径，其意义体现为提高学习效率；避重就轻地分析出老师所讲述内容的要点。在听课时一定要做到以下几点要求：

（1）充分理解夹杂在老师讲课口语中的关键性提醒词汇的潜台词，"首先"、"第二"等词语意在理清内容层次；"因为"、"所以"、"不但"、"而且"等词语意在理清内容联系；"总而言之"、"那么"等词语意在弄清讲述的结论；"我认为"等词语意为弄清讲述的看法；"请注意"、"再重复一下"等词语意为把握内容的重点。

（2）上课要保持精力的高度集中，杜绝一切心不在焉、因急于发言而听漏听错现象的发生，倘若真有疑问，最好先行记下，而后选择课堂空余时间段或课后，再向老师请教。

（3）注意老师讲课时的语音、语调及手势，要顺着老师的思路而行。

2．听课有效方案之保证质量

要想让听课质量得以保证，就一定要保证孩子在课前已经认真地做过预习，并在课堂上做到"五到"，即耳到，会听且善听；心到，跟上老师讲课的节奏，集中注意力，带着问题去听课；眼到，注意老师板书的重点内容；口

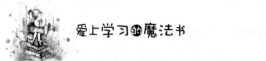
到，参与到互动活动中，积极回答老师所提出的问题；手到，有条理地做好笔记。做到以上几点，听课就会变得有质有量了。

3．听课有效方案之把握要领

理科学习要着重于概念、原理、定义、公式的记忆以及运算方法的总结；文科的学习则更侧重于记忆，包括字音、字形、诗词、历史年代、地理地名等。听课时，要重视老师所提出的问题，并积极思考，争取回答，那往往是学习重点所在，当然谁都不能保证每个问题都能回答准确，所以，当自己回答不上问题的时候，要注意听取别人的答案和老师最后揭晓的答案，暗暗与正确解答方案与自己的思路、想法及回答方案做比较，以找出自己的不足之处。

4．听课有效方案之勇于质疑

老师都喜欢问题较多的孩子，因为能提出问题就证明他们思考了，认真学习了。所以，孩子应该努力克服自己的"提问恐惧症"，相反还要以提出问题为荣。那么，应该如何保障所提出的问题有一定的"技术含量"，而不被同学取笑呢？

（1）独立思考后，运用有关书籍查阅后仍不得其解的问题。这类问题多数为学习上的难点，应以请教老师或同学为妙。

（2）自己好像找到了答案，但是却模棱两可，不能确定的问题。这类问题就是所谓的疑点，自己学习的障碍，如果不及时解决，很可能会使自己在此类问题上栽第二个跟头。

（3）推出了结果，但是却对解题过程不甚明了的问题。这类问题说明学习知识缺乏全面性，对其所涉及的知识点掌握的并不牢固，有待进一步加强。

5．听课有效方案之笔记妙用

（1）应该记下的内容：老师的板书，尤其是一些重要的论点、论据、定理、定律、公式、概念、结论和解题方法等；听课时，发现的问题要在旁边有所标记，杜绝标题完好，内容却空洞的现象发现。

（2）可以忽略不记的内容：与上课内容无关的语句，需要思路紧紧跟着老师思路的时候，笔记可暂时不记，此时当堂理解比记笔记要重要得多。

（3）快速记录的技巧：如果逐句记下老师所讲的原话是不切合实际的，

挑重点，记精髓才是正道。在记录时，可以将一些常用的词汇术语用个别字或字母、单词来代替，只要能看得懂，看得明白，也可适时地使用省略号之类的标点符号，以提示这里被省略。

选对的不选多的——有选择地做笔记

老人们常说"好记性不如烂笔头"，这话倒是不假，大人们兴许是吃到了这句话的甜头，倒是言传身教地将这种精神传承给了孩子。可是，一个人每分钟所说的词汇起码会在150个左右，而在这同一时间里，又要听，又要记，对于中小学生来讲恐怕写上二三十个词语就已经算不错了。再者，孩子在学校上课，老师肯定不会为了去适应一个人的记录速度而影响了整个班级的学习进度，因此，对于在课堂上有记笔记习惯的孩子来讲，记下点儿什么就变得难上加难了。往往是自己忙忙活活地记了一大堆，下课一看，却换了个"知其然而不知所以然"的结果。那么，怎样记课堂笔记才能既不影响听课效果，又能够记得住学习要点，以备课后复习参考之用呢？下面介绍一些做笔记的方法，不妨一试。

1. 记录讲方法，重点是关键

（1）具备认真听取和主动理解听课内容的态度，课前做好预习，了解本堂课所要讲解课程的大致结构，把握其基本知识。

（2）记课堂笔记不可盲目，如果样样都记，复习时就很难分清主次，再者，说者总比记录者快，这样一来，如果全记就很容易造成知识点的缺失。

（3）记课堂笔记绝对不是只有手上功夫，思考一定要并举而行，哪里是要点、重点就记录和整理哪里，避免重复记录和无效记录。

2. 整理课堂笔记的"说道"

（1）及时回忆：整理笔记要"趁热打铁"，下课后马上对照课本及参考书，对所学内容进行整理。因为与所上课程间隔的时间越短，越可以保证其记忆的完整性。

（2）及时补救：记课堂笔记时，很可能会为了跟上老师讲课的速度，而将重要的知识点缩记或简记，这就需要在下课之后，及时地翻查课本或向其他同学借阅笔记，在第一步的基础上来为自己的"手札"进行查漏补缺工作。

（3）及时修改：快速记录易出错，所以在课下整理笔记时，一定要对课堂笔记中的错字、错句等其他疏忽的地方进行修改，其中特别要注意与解答课后练习，与学习目的有关的内容的修改，以保障笔记的准确性。

（4）保持条理：注意所用序号的条理性，一般而言，序号"一"后跟"（一）"，再下为"1."，下为"（1）"，下为"①"等。

（5）分门归类：课堂笔记有的时候是直接记在课本上的，比如重点内容的划定等。这就需要孩子利用课下时间进行归类和整理。为了便于整理工作的进行，课堂上在书本上时记笔记时，最好以不同的下划线、不同的符号或不同的颜色标记。比如，哪些为分析类；哪些为文学常识识记类；哪些为课后复习或解答类等。

（6）留重舍轻：记课堂笔记要注意分清主次关系，重点、难点要着重且详细记录，无关紧要的内容则能简就简。

（7）创造价值：每一个学科都要准备一个单独的笔记本，不可混杂在同一个本上。课堂笔记的记录其价值不仅仅体现在一时，平时把课堂笔记记得明了，详尽，当每一次阶段性复习到来时，笔记就会显示其"资料性"的作用了。

3. 将课堂笔记延后做

有些孩子上课时将主要精力都放到了记笔记上，从而失去了思考和理解的最佳时机，结果什么都没有记住；还有些孩子上课时将主要精力放在了思考理解上，因而没顾上记笔记。下课后，看见别人记了一篇又一篇，自己却没有记下几个字，原本的自信满满一下子变得不踏实起来。实际上，只要是觉得某种学习方法对自己来说是有益的，即使是将课堂笔记改成利用课后来整理，也是无可厚非的。记课堂笔记的主要目的就是帮助理解和记忆，这只是一个达成学习效果的手段而已。如果你不能上课同时做好理解当堂内容与记好课堂笔记两件事，倒不如二者选一，做好一样。相较来讲，理解和吸收新知识当然更为重要。笔记补上即可，失去了学习的最佳时机，很难去补救了，孰轻孰重一定要掂量明白。

学而不思易疲倦——听课和思考要同步

在实际学习生活中，孩子们在学校每天都要听课，但是明明是在同一班级且由同一个老师授课，教出来的学生却很可能有天壤之别，这到底又是什么原因呢？同样是听课落差为什么会如此之大呢？出现这种情况的最大可能性就是听课时缺乏必要的思考，这就像是一个人如果只有肉体，缺乏灵魂，那么说白了也就只能算是行尸走肉。听课也遵循这个道理，看起来很认真，课堂笔记一字不落，但是大脑却没有运行，一片空白，一堂课下来自然毫无收获。

1. 分析老师讲课的步骤

要想让自己的思路跟得上老师讲课的速度，首先，就要摸清老师讲课时的几个重要步骤：一般在刚上课时，老师都会搬出上节课学过的旧知识来给本堂课做铺垫，而后，再引入新课，进行分析、论证与推理，从而使学生掌握住新课内容。当然，如果是理科学习，在例题讲课之后，可能会插入些必要的练习，以巩固对新知识的认知程度。

2. 弄清课堂上的思路

课本本身知识排列的顺序即是一条思路，而老师讲课的顺序也是一条思路。这两条思路都反映了某种思维形式、思维规律和思维方法，如果学生能够将自己的思路融入这两条思路的主线中，将有助于从根本上掌握学习内容。并不是只有条条框框的学习内容对提高理解能力有帮助，有时候弄清一套体系，捋清一种思路，其功效可能强于此数倍之多。

3. 理解新概念

新课程就是对新概念接收、理解、掌握的媒介，而新概念就是我们所要掌握的知识点，是以后做题及答疑的依据。对概念进行理解时，主要从以下几个方面着手进行：

（1）概念

每个概念都有它的内涵和外延，内涵是指概念所反映的事物的本质属性。外延是指概念中所包括的对象的总和。弄清研究的对象、相关知识及背景，理解也便会随之到位了。

（2）表述方式

准确掌握概念的名称及书面用语特征，与日常用语比较，与其他相似的概念及书面用语相比较，寻找区别，正确区分。

（3）应用范围和限制条件

准确掌握概念中的规定和条件，逐一理解分析。弄清概念在相关方面的使用方法及应用。

4. 及时消灭存在的问题

（1）做"理解型"学生

学习最忌讳生搬硬套、死记硬背。上课就要积极思考、充分理解，不要做那种不看本质，直接按本照搬地去背现成的结论的"笨学生"。

（2）思想"行"在老师的前面

在听课时，可以尝试着在老师未给出答案，未做出结论之前，自己试着去判断结果，看看自己的想法是否能和老师不谋而合，如若不对，自己错在哪里？要怎样改进？这种思想走在老师前面的做法对自身学习能力提高是十分有益的。

三、学习魔咒
——"条条框框"成就未来

一提到学习，就会有很多学生忍不住去抱怨，恨自己非要被"压迫"在中国应试教育的模式下，恨自己"不得以"地成为冷酷分数竞争者的一员……这些学生大多都是那些学习成绩不理想，或是经常受到老师和家长冷喝、批评的人。有这样一句话："如果你无力改变这个世界，唯一的办法就是改变你自己。"认真地审视自己，认清不足之处，把抱怨的时间转变成具有效率的每分每秒，重新找准方向，持之以恒地奔向奋进目标。

学习的三种境界——苦学、好学、会学

学习之所以让很多孩子望而却步，最主要的一个原因就是一提到学习，映入我们脑海中的第一印象似乎永远都是"头悬梁、锥刺股"。很多家长及老师似乎也格外地欣赏这种做法，无形中，学习就被人为地冠上了枯燥无味的名号。久而久之，也被孩子们普遍理解为学习是件天下最苦的差事。那么，到底学习苦不苦？那就要取决于你所处的学习境界。

第一种境界：苦学

学习、学习再学习，刻苦、刻苦再刻苦，谓之苦学者。处于这种境界的孩子大凡都会对学习失去兴趣，甚至一提及就会头痛不已。学习对他们来讲是一种被迫行为，大人赶一步，他才走一步。如此下去，他必然会对学习产生恐惧感，从而使厌学情绪更加根深蒂固。结果，迫使学习变成一件苦差事。

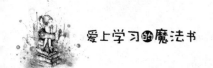

第二种境界：好学

处于这种境界的孩子通常对学习具有主动性，往往不需要别人的逼迫。他们对学习如饥似渴，甚至到了废寝忘食的地步。浓厚的学习兴趣通常能使他们在排行榜上名列前茅，从而形成学习中的良性循环。

第三种境界：会学

学习的过程就是做学问的过程，要想学问做得好光靠兴趣和热情还远远不够，还需要科学方法做基础。可以说"会学"的境界高于"好学"，学习效率更高，思维更加灵活，只有处于这种境界中的学习者才能真正成为知识的主人。

现在的孩子独生子女居多，依赖性较强，缺少探索学习方式的精神，基于此点，我们按学习方式把孩子分成以上三种类型，对号入座，测一测自己属于哪一类，希望每个孩子都能对照自省，进而取长补短，完善自我，真正成为知识的主人。

学习的三个要点——读书、思考、重复

对于学习方法，几乎每个人都有一说。但是，无论学习方法有多少种，绝招又有多少个，都逃不出学习的三个要点之要求，背离此三点的学习方法，即使是在短期内见到了成效，但是最终仍会跌回到最初的起点。

1. 打好基础，拓展知识面

要想让学习取得"长治久安"的效果，就一定要重视起基础知识的掌握。有很多孩子认为学习成绩的好坏在于做的练习是否多，读的课本是否厚。实际上这是一种本末倒置的做法，基础决定一切，练习只不过是基础的"小兵"，请擦亮眼睛，去认清谁才是真正的"将军"。

2. 思考与理解并举

学习而不思考，必将一无所获，这个过程叫"徒劳"。思考才是学习的灵魂，吸收知识的骨架。如若缺乏思考能力，即使机械地累积再多的知识，也无法将它运用到实际操作中，这就是为什么很多孩子觉得自己已经会了，在做

题时却仍不知从何下手的基本原因。思考是行动，理解是结果，而学习的重点恰恰就是理解。遇到问题要先过自己这一关，要养成独立思考、自己动手的能力，坚持下去，相信有劳动必然会有收获。

3. 多次重复，不厌其烦

复习就是多次重复的过程。当然，这种重复一定要讲究技巧，不可简单机械地硬性记忆。古代大教育家孔子说过，"温故而知新"。也就是说，在每次复习时，都要从中悟出新的知识，体会新的感觉，从而使知识和学习能力得到释放，在不断地重复中得以升华。

学习的三条原则——自觉、主动、独立

许多教育专家学者都一直在强调学习方法要因人而异，于是大批的理念跟随者都开始煞费苦心地寻找自己与他人不同的点，却忽略了在学习上一些可以互通、互用的原则。而这些原则才是金字塔的基石，是取得良好成绩的重要保障。

1. 自觉性原则

要将学习作为每天必做的事情之一，当自己出现懒惰行为时，比如，想将今天的作业或学习任务拖到明天去做。这时就要及时地提醒和告诫自己"不可行"。中小学生应注意对自觉意识的培养，学习就好比吃饭，如果饭吃在别人的肚子里，你又怎么会感觉到饱呢？学习是自己的事情，自己的事情当然要自己来做。不要轻易地将学习归为被别人压迫的工具，如果心生这样的想法，久而久之就自然会产生厌倦感，进而失去学习的兴趣，学习成绩自然也就陷在了低分的泥淖里不可自拔。

2. 主动性原则

主动性与自觉性是具有差异的，前者更能体现出学习的独立性，它也是取得优异成绩的必要条件。主动性行为包括主动学习、主动提出问题、主动与老师、同伴进行学习上的沟通和交流等，学习就像照镜子，你主动对它招手，它便会向你招手。同样，你对它不理不睬，它也决不会眷顾于你。

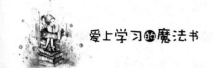

3. 独立性原则

有一部分孩子在家里有家长的监督，学习成绩还算尚可。但是，一旦住了校，离开了家长的严厉管制，成绩就会一滑再滑。这样的孩子大多是因为独立性较差，落在学习上就会表现为不爱动脑筋，人云亦云，对自己缺乏信心。家长要注意培养孩子的独立性，特别是独立思考的能力，这是从根本上增强学习能力的重要途径之一。

学习的三种技能——快读、快写、会做

学习的过程少不了技能做纽带，虽然这些学习的小技巧看起来很普通，却可以在关键时刻变繁为简、变难为易，起到四两拨千斤的作用。

1. 快读的技能

有些家长觉得"快速阅读"并不是一种技能，而是孩子不认真的表现。他们从心理上并不接受快读的优点，反而对它有所排斥。在生活中，在我们的身边，具有这种心理的人并不占少数，他们会认为"慢读都不行，快读明显是在扯淡"，除了像武侠小说中提到的"一目十行"高人，快速阅读是很难达到学习标准的。其实无论现在还是古代，能够实现快速阅读的人并不全都是具有特异功能的，他们其中的大多数都和我们每个人一样是普通人，唯一不同的是他们找到了正确的方法和适合于他们的训练技巧。所以请别迷信"与生俱来"，通过训练，谁都可以成为快读高手。

2. 快写的技能

快写可以有效地节省做笔记或做作业所占用的有效时间，是提高学习效率的重要手段之一。太多的孩子因为快写的技能差，在课堂上，做笔记的时候跟不上老师的记录顺序，前面还没记下，老师已经说到了后面，当自己将老师的前一句记下了，老师的后一句早已经说完，最后导致不仅笔记没有做好，还耽误了听课，影响了听课效率；在考试时，因为时间有限，书写速度太慢而导致答不完试卷的现象也时有发生。所以，对于那些书写速度慢的孩子理应引起家长的高度重视，加强快写技能的训练，使孩子尽快掌握，从而避免学习生活中

各个方面不必要的"丢分"。

3. 会做的技能

"做"包括做课堂笔记、读书笔记及复习笔记。做笔记的优点在于可以通过锻炼孩子的动手能力而深入增强其学习能力。做笔记绝不是简单地写写抄抄，而是孩子对知识理解、记忆和消化的手段和方法，是一种必须掌握的技能。在做课堂笔记时要求思想要与老师和课堂程序统一，并要注意结合教材进行记录，不能照搬老师的板书，那就失去了做课堂笔记的意义。做读书笔记和复习笔记时，要重点注意圈点勾批。古人云："不动笔墨不读书。" 复习笔记应注意做好知识的归纳整理，理清知识结构和联系。最好特别准备一个错题本，将考试或平时做练习时做错的或是自己还不尽理想的问题及解题过程，抄录下来，增强记忆，防止下次再错。

第五章

学习障碍
借力使力更给力

学习之所以会成为一件"吃力"的事，完全是因为孩子在接受及运用知识的过程中受到了阻碍，这就好比是一名百米跨栏运动员，如果无法跃过挡在跑道上的障碍，他就不可能跑到终点，赢得比赛。问题如果不得以解决，它就永远是个问题，只有那些敢于面对学习路上的"拦路虎"，勇于向困难挑战的孩子才会在失败中吸取教训，在胜利中赢得信心并取得最终的胜利。

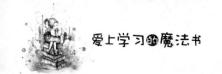

一、最大的敌人是你自己

不用嫉妒他人的一百分，也不要眼红于他人的第一名，更不要视那些学习成绩优异的学生为自己的"敌人"。孩子，你已经渐渐地长大，应该学会审视自己，认清真正的竞争对手——自己！

心态决定成败

倘若第一百次摔倒，也要第一百零一次地站起来！除了顽强，还体现了在人们面对困境时应该具有的一种心态，而谁拥有这种心态，谁就会成为最终的胜利者。曾经有一位哲人说过，"你的心态就是你真正的主人。要么你去驾驭生命，要么是生命驾驭你。你的心态决定谁是坐骑，谁是骑师。"如果将这句话套用到学习生活中，无非是要做学习的主人，还是甘愿当学习的奴仆的区别罢了，道理都是一样的。有很多孩子因为照以往的成绩轻易推断自己无论如何学也不会有考得高分的机会了。我只能失望的称这样的孩子为"傻"，未来的成败都不是在你未做之前就写好的，而是在跟着你的行为，同步而行。孩子，辛勤耕耘的结果也许会收获，也许会颗粒无收；可是，倘若不耕耘，那结果就肯定是颗粒无收了。请你记住，给自己留个希望，即使只有百分之一的希望，也要付出百分之百的努力，最后把百分之一的希望变成百分之百的结果。只有把自己的心态摆正，真正地静下心来学习，皇天又怎么会负了苦心人呢？

美国成功学学者拿破仑·希尔曾经说过："人与人之间只有很小的差异，但是这种很小的差异却造成了巨大的差异！很小的差异就是所具备的心态是积极的还是消极的，巨大的差异就是成功和失败。"作为孩子，别让自己站立在未战先输的位置上，别让你的心态使你成为一个失败者；作为家长，要在充分理解的基础上给予孩子更多的信任，至少要让他们在学习心态上先成为强者，因为成功都是为那些抱有积极、乐观、向上的人而准备的。

1. 孩子需要心灵上的知音

每个人的心中都有把未定长短的尺子，一开始自己不敢妄断，需要别人不断地肯定来帮助他确定尺子的长短。而中小学生正处在心智发育的发展阶段，尚不能对自己有一个清晰的认识，此时的"他人言"对于这个时期的孩子来讲就显得愈发地重要。所以，家长应该去学会孩子心灵上的知音，在孩子做对事的时候，多给予肯定；在孩子沮丧甚至停滞不前的时候，多给予鼓励和帮助。这样做不仅可以帮助孩子树立正确的价值观，也能给他们继续前进的勇气。

2. 切忌"出口不逊"

很多家长在批评孩子的时候，总是将自己恨铁不成钢的情绪夹杂其中，往往一时性急"笨蛋"、"不知道随谁"、"什么也不是"等言词脱口而出，这就像在无形中给孩子贴上了"标牌"，在孩子的心里，大人的话很容易成为他们确定自我的模板，一旦形成，往往就会先入为主，根深蒂固。记得笑话里有句台词叫做，"说你行，你就行，不行也行；说你不行，你不行，行也不行。"将它借到这里，又何尝不遵循着同样的道理呢？本来很有潜质的孩子因为老师的一句"你不行"，"你考不上"而拍进了平庸之列的还少吗？反之，那些本来很平凡的孩子因为老师的一句"我看好你"，"你肯定会成为最优秀的学生"而推上成功人士之辈的还少吗？孩子自身的坚持固然重要，然而，更为重要的是环境给予心态的力量。

3. 时刻牢记"我能行"

学习成绩可以不佳，但是心态却不可以不好。倘若自己完全放弃了自己，就连神仙也救不了你。成绩不及格，排名在倒数，这都没有什么大不了，反过来看，上升的空间反而比其他人更为广阔。只要不放弃，努力地走下去，奇迹就有可能会发生。孩子们要把自己看成是一个宝藏，而你就是探宝人，需要你寻找的就是别人没有看到的，你自身所具有的巨大潜能！

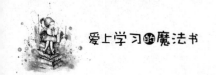

学习到底为了谁

清早，孩子被家长从被窝里挖出来表现出满脸的不情愿时；上课，孩子因为被老师批评不注意听讲而表现出不服气时；放学后，孩子被家长逼迫去做作业而表现出的不满时，我们在心里打下了一个大大的问号，如今的孩子知不知道自己在为谁而学习？他们在生活中所表现出的种种抱怨、不满，甚至是恨，早已经告诉我们答案，他们认为自己是在为父母、老师而学习！正是这种认知的存在，让他们觉得自己所做的一切反叛行为都是无比合理的、正确的。请告诉你的孩子，他们究竟是为什么而学习？大到国家、人民，我们暂且不谈，单从涉及自身利益，或与生活息息相关的地方谈起。

1. 为了将来有尊严的生活

人与动物不同，除了要吃饭、生活，还需要存有活着的价值，需要社会的肯定，而如今你的学习就是为了这一目标的早日实现，所以，孩子啊，当你面对家长、老师的催促、批评时，请收敛自己的怒气，你应该为他们为你服务着，而却没有向你索要任何报酬而心存感激。没有人是想和你存心做对的，逼着你做一些你并不情愿的事情，是因为大人们比你看得深，看得远，他们希望你长大后别为了今天的懒惰、懈怠而后悔，能够有尊严地存有自己的一席之地。

2. 为了实现你的理想

再美好的理想如果脱离了实际行动，也会成为一纸空谈。而学习的目的就是为了让理想成为现实，让梦想成真。孩子们，你们在抱怨学习苦，埋怨家长管得多的时候，你将理想置于何地。如果理想是不需要付出任何努力，甚至唾手可得的，它不会保有那份让人不断地追寻的魅力吗？天上永远不会自己掉馅饼，你放弃努力，理想就会同样放弃你！想想那座你所向往的学校、看看那座你渴望涉足的城市、展望一下那个你所期望的未来，你就不再会觉得学习是件苦累事了，因为你每天都在为自己的理想而耕耘着，那样的日子即便是苦，你也会觉得甘之如饴。

3. 为了提高幸福生活的指数

当你长大了，你的父母老了，你不仅可以尽其孝道，还可以为他们提供高质量的生活，反之，你贫穷潦倒，没有职业，父母岂不是也要跟着你吃苦受累，从这个角度来讲，如果你硬要说学习是为了父母倒也不足为过。可是，这只是你所需要幸福生活指数中的一条而已。除此之外，你要保障事业无忧、爱情甜蜜、妻贤子孝等等。今天的努力学习，是为了让自己的明天能够得到社会的认可，让自己的价值得以实现。

学习到底为了谁？归根结底地说，还是为了自己。你为自己的前程和未来而努力学习，即使是真的吃了些苦，受了些委屈，又有什么可抱怨的呢？孩子们，成功就握在你的手心里，能否得以实现，就要看你的实际行动了。

了解学习的个性差异

世界上没有两片叶子是完全相同的，同样道理，一种学习方法，即便有一百个人说好，也一定不会适用于所有人。所以，了解孩子的学习个性差异是选择学习方法，提高学习成绩的重要依据之一。

1. 心理特点差异

有的孩子反应很快，有的孩子比较迟钝；有的孩子善于交际，有的孩子沉默寡言；有的孩子具有绘画才能，有的孩子具有体育才能。这些所说的都是人与人之间在心理上所表现出的个性差异。那么，我们应该如何根据孩子的个性差异点做出相应对策呢？

（1）具有浓厚兴趣的孩子：这类孩子主动学习性较强，一般具有认准目标就不罢休的精神，所以适当提高目标的标准更有利于激发出他们的潜在力量。比如，用一种方法对题目做出的论证，不妨鼓励他们再去思考出另外一种解题思路等。

（2）对于性格不同的孩子：广义来讲，性格大体可分为内向和外向。对于性格外向的孩子，可以参照对学习具有浓厚兴趣的方法来应对；而对于性格内向的孩子，应采用推迟评价的方法来应对，比如，当内向的孩子对于课堂上老师提出的问题没有做出很好的回答时，请不要急着去评价他，以免伤害了孩子的自尊心。这就需要家长和老师拿出更大的耐心，细心教导，让他真正地体会到"这原来并不难"。对于性格内向孩子的培养，走心甚于走形式，有时不必大人说太多，只要一个眼神或是一个微笑就足以在孩子的心灵上留下震撼了。

2. 学习行为差异

学习行为无非是分为不良学习行为和良性学习行为两种。对于不良学习行为应该及时地予以矫正，防微杜渐；对于良性学习行为应该继续保持，不断优化。

（1）不良学习行为

这类孩子具有自大的倾向，他们一般都具有一套适合于自己的学习方法和浓厚的学习兴趣，自我操作能力较强。其最大的缺点就是骄傲自满，认为自己才是最棒的，看不起学习不好的同学，有时也瞧不起老师。圣人云："满招损、谦受益"，这类孩子往往因为自视过高而看不见自己的不足，因此，便很难有再高一层次的进步。对待这类孩子，如果仍以鼓励和表扬为主，只会让他们骄傲的尾巴越翘越高。所以，家长应该让他们的缺点有所认知，明确地给予评价，并不断地为他们安排新的任务及更高的要求，让他们从逆境中反省自我。在他们取得了成绩之后鼓励他们，用更高的目标去激励他们。

（2）良性学习行为

这类孩子就是大人们口中所谓的"好学生"，在课堂上，他们注意力集中，并能积极地配合老师完成教学内容，并能较快地掌握所学重点；在课下，他们能够主动做好复习及课前预习，按部就班地做好老师布置的作业。这类孩子表面上看上去很优秀，很光鲜，但是，却往往胸无大志，容易得过且过，不能充分发挥出学习潜能。对待此类学生，家长要把重点放在改变他们现有的生活观和价值观上，逐步树立起正确的学习目的和良好的学习动机，以此来激发出学习的热情，让他们好上加好，更上一层楼。

推陈出新，提高学习效率

很多孩子在升入中学后都有一个相同的感受，就是明明自己比在小学时更加有功了，花在学习上的时间更多了，可是学习效果却并不理想。这到底是怎么回事呢？要如何改进才能改变现状，提高学习成绩呢？

1. 摆正心态

在这里，我们又一次提到了心态。若想在学习上有所收获，多花些时间，多费些精力是必然的，可是，你一定要让孩子们清楚地认识到这样一个事实，学习效果并不一定与学习时间及付出精力成正比。为此而苦恼更加没有必要，不如将徒劳的时间用来分析一下，原来的那种学习方法是否还适用于中学学习，倘若不再适用，到底是哪个环节出现了毛病，将如何去寻求新的方法，如何做才能提高学习效率，这才是正途。

2. 决定学习效率的多种因素

盲目迷信于"笨鸟先飞"很容易将自己逼进学习的死角，长时间低效率的学习疲劳作战不仅不会将学习搞上去，还会导致精神压力过大，从而影响身体健康。学习效率是多种因素综合作用的结果。要想提高学习效率就要将多种因素一起抓，如学习方法、学习情绪、学习心态、学习基础等。只有清楚掌握住自身的薄弱环节，加紧猛攻，才能保持住学习上的前进势头。

3. 影响学习效率的相关问题

决定孩子学习成绩好坏最为主要的原因就是学习效率不佳，要想找出弊端自我评价是关键。让孩子学着去自我反省，试着去寻找问题，从而给予改正。反省时不妨从以下问题开始思考：

（1）学习计划问题

在学习之前是否有明确的目标，比如，1个小时内要背下多省个单词；有没有相对较完整的学习计划，学习最好要有固定的时间安排；是否有"磨蹭"的习惯，以至于作业常常无法按时完成；是否"三分钟热血"，学习计划只能坚持开始的几天，而后便无法坚持下去；一周自由学习时间是否可以保证10小时。

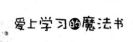

（2）注意力问题

注意力集中的有效时间是否不足15分钟；学习桌是否干净、整洁，没有游戏机、杂志等吸引注意力的物品；学习时是否思想常开小差，想入非非；是否存在边玩边学习，或是边学习边与他人聊天的习惯。

（3）学习兴趣问题

是否一拿书本就犯困，头脑就发胀；是否存在偏科现象；是否常需要强迫自己去学习；是否从未有意识地强化学习行为。

（4）学习方法问题

是否在记忆的时候，经常采用机械记忆方法；是否经常搞题海战术；是否在遇到难题时很少向他人请教；是否很少有主动拓展课外知识行为。

反省过后，是不是非常惊讶原来自己还存在这么多的"毛病"？就效率而言，并不在于你在学习桌前磨蹭多久，也不在于你将多少的睡眠和玩耍的时间都放在了学习上，而在于每分每秒地高效。你可以长时间地玩，孩子爱玩是天性驱使，但是是要求静下心来的，动则动，静则静，学习便也成了一件快乐的事情。学习最忌讳的就是学时想着玩，玩时又挂念着学，结果玩也玩不好，学也学不成，把自己弄得很狼狈。在学习的时候一定要做到，一旦坐到学习桌前就要马上步入正轨，全情投入，而所学习的内容一定要有所计划，要定时、定量、定内容，由此一来，即使你只学习一二个小时，也比你迷迷糊糊混上八小时的学习时间强上百倍。学与玩，从来都是不矛盾的，提升自我学习能力，能力越强，你剩余的时间就会越多，而学习负担自然就会相对越轻了。

二、马上改变学习的态度

学习究竟是"美差"还是"苦差"？这还要视学习态度而定。心态好者，以此为乐，享受学习；心态差者，以此为苦，沦为学习的奴隶。消极、被动的学习态度很容易使孩子在遇到挫折和困难的时候产生自卑心理，不战而败，表现得灰心丧气，甚至一蹶不振，从此与优异的成绩失之交臂！切记，态度决定成败！

不胆小——敢于提问，敢于质疑

中小学生应该养成爱问、多问、常问的学习习惯。好问者，可以盖起知识的金山；不好问者，终将成为知识的贫者。只有懂得质疑的学习才是真正的学习。很多孩子都习惯于作答，即根据老师所提出的问题去思考问题，宁将自己束缚在固定的模式中，也不愿意提出自己独到的看法。原因有二，一是不会质疑，害怕自己提出的问题过于简单而引起其他同学的笑话；二是不敢质疑，生怕自己问错了而受到老师的批评；三是不愿质疑，也就是说缺乏质疑精神，尚未养成质疑的习惯。巴尔扎克说过："打开一切科学的钥匙都毫无疑义的是问号，我们大部分的伟大发现都应归功于'为什么'，而生活的伟大智慧大概就在于逢事都问个'为什么'。"作为一名学生，我们不应该仅仅满足于课堂认真听讲、积极回答问题，还应该要勇于思考问题，提出问题，要知道提出一个问题远比回答一个问题更具有价值。

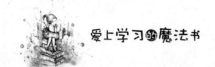

1. 树立正确的学习观

孩子要想成为一名优秀的学习者，就一定要将自己视为一名参与者，而绝非是一名参观者。两者角色的主要区别在于学习观的不同。作为参与者，拥有做决定的权利，乐于学习，对学习充满激情，且具有主动性；作为参观者，则置身于事外，很难融入学习情景中，从而失去了体验学习乐趣的机会。孩子，无论现在你的学习观如何，请你归位，加入到参与者的队伍中，让我们一起去收获学习所带来的无限回味，

2. 让孩子变得更加勇敢

不要再计较你的某一次提问被老师轻率的回应而羞得无地自容，也别再抱怨自己因为曾经提出了幼稚的问题而受到同学的取笑，而使自尊心受到了伤害。每个孩子都应立志成为学习上的勇者，而勇者，只会越挫越勇。家长不妨多为孩子讲一些励志的故事，如爱因斯坦小时候做板凳的故事，故事中，当老师说，"我想，世界上不会再有比这更糟糕的板凳"的时候，爱因斯坦却拿出了先前两个做得更糟糕的板凳，对老师说："这是我第一次和第二次制作的，刚才交给老师的是第三个板凳。虽然它并不使人满意，可是比起前两个总要强一些。"听到如此答案，所有的取笑，甚至是讽刺都变成了敬佩之情了吧。孩子你要勇敢，无论你提出的问题有多么的可笑和幼稚，在认真和坚持面前，它们都会抛下外表的虚华，露出熠熠闪亮的内在。

3. 学会质疑的方法

（1）培养孩子的问题意识，自觉地参与到课堂讨论和思考中，充分发挥自己的主观能动性及想象力，积极调动思维，寻求解决问题的方法，久而久之，习惯即成自然。

（2）呵护孩子爱问问题的好习惯。要让孩子养成多方面、多角度的思考模式。对于自信心不足的孩子所提出的问题要及时地给予肯定评价，以此来带动孩子的学习情绪，也为孩子的第二次、第三次……的提问打下基础。

（3）掌握提出问题的要领。孩子提出的问题可以反映出一个思考的过程。起初，暂且不问问题的含金量如何，甚至是错误的，我们都应该给予鼓励。但是，凡事都应讲究一个"度"字，如果只是一味地表扬，孩子就会认为

他们提出的问题是"完美"的，那么所有鼓励的话就反而成了阻碍孩子进步的绊脚石，所以，家长在对孩子提出的问题作答时，应对问题的错误点进行相应的点拨和纠正，以达到保护提问精神和维护知识正确性的双重效果。

不马虎——千里之堤，溃于蝼蚁

马虎问题是当代中小学生学习上的通病，家长和老师也常常对此表示无奈，觉得马虎是性格所决定的，难以治愈。什么是马虎？因粗心大意而产生的错误！也就是说，马虎并不等于不会，而往往是不认真的表现。所以，"马虎"这个词多半用在学习处于中上等的孩子身上。这类孩子大都学习很认真，能够主动地参与到学习当中，甚至每天都能做大量的练习，对此家长屡屡教诲，"细心点"，"别马虎"，千叮咛万嘱咐，苦口婆心。可是一逢考试，总会有一些不该丢掉的分数被马虎吃了去。孩子自身也觉得很委屈，自己明明用心了，为什么还会出现这样的情况呢？由此，我们不禁想问，难道马虎就真的只是不细心的问题吗？

1. 造成马虎的成因

（1）注意力不集中

注意力不集中所导致的马虎大都体现在年龄较小的孩子身上，这是生理特点及学习习惯所共同决定的。如果一个人专注于一件事情，就很容易将其条理、根源及文字叙述"吃透"，相反，注意力不集中，信息就不能进入思维过程，或信息不能全部进入思维过程，导致思维出错，反映出来即为模棱两可，不得其解。这就是我们所说的心不在焉。

（2）思维方式所决定

当一个人在看到一个问题和现象与曾经见过或经历过的某个问题和现象相似的时候，思维往往就会跳入到先前的解决问题的模式中，从而产生错误。这就要求孩子做事不要虎头蛇尾，不可盲目类比，认真观察，仔细思考，找出正确的定位后再思考行动方法，这样才会减少错误的发生。另外，跳跃性思维也会导致马虎现象。有些孩子在做逻辑推理类习题的时候，贪快，图省事，时不

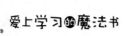

时地就会将一些简单的步骤省略，心里很明白，却因为思维的跳跃性而使其某些过程未能体现在纸上，所以，表面看来，纸上所体现出的逻辑性思维整体由于某些环节的缺失，变得并不流畅、完整，从而导致错误的发生。这就要求孩子在做题的时候，一定要认真，力争做一个细心人，不抄近路，不做让自己遗憾的事。

（3）其他原因

产生马虎的原因是多种多样的，除了上面所介绍的导致马虎问题的两个主要方面外，还有因性格、态度、掌握知识的熟练程度、情绪等诸多原因，家长应该根据孩子的具体表现来实施具有针对性的应对策略，让"马虎"再难成为孩子的绊脚石。

2. 应对马虎的策略

（1）改变学习环境

创造一个良好的学习环境，是保障孩子优质学习的必要条件之一。这里所谓的"良好"并不是摆设有多么的豪华，也不是学习设施有多么的先进，时尚，而是在塑造一种学习气氛，是让孩子能够静下心来，专心学习的氛围。孩子学习桌上要摆放简洁，最好不要放置易吸引孩子眼球的东西，如玩具、漫画等；在孩子学习时，家长应该暂且将关爱之心收纳起来，不要一个劲儿地"嘘渴问饥"，所需的水等必要品，最好事先准备或是事后再进行，不要在孩子专心学习的时候，打断了他们的注意力，影响了学习效果；另外，孩子在学习时，家长要尽量配合将电视放得小声些，接打电话也应尽量远离孩子，防止影响到孩子的学习；在孩子学习之前，应该督促他们准备好学习所用的文具及相关课本，以免中途分心；家长最好也加入到学习的行列，看书也好，伏案工作也罢，这样的氛围就更理想了。

（2）良好的学习习惯

习惯可成自然。一个良好的学习习惯会在无形中帮助孩子克服掉爱马虎的坏毛病。养成孩子写完作业要检查的习惯，如果时间有限，即使是浏览一下也要看，因为很多显而易见的错误往往在操作的时候察觉不到，回过头来去看，很明显。所以，做完作业检查一下是必要的，会大大降低因马虎而产生的错误；平时对马虎的行为不以为然，在考试时就会吃大亏。所以，关键时刻更要杜绝马虎现象的发生。考试时，应该要做到心平气和，倘若表现得慌里慌张，在做题时是一定会吃亏的，答题时要以正常速度前行即可，不必操之过急。另外，不要将卷子一拿在手里就马上动笔，一定要养成先审题再动手的行动模式。即使在这里稍微浪费了一点时间，也要比审错了题，扣掉了整道题的分数要强许多。答完卷后一定要检查，如果还有时间剩余，要对事先拿不准的题目进行再分析，如果仍不得其解，最好要保持第一印象答案。

3. 纠正马虎的意义

有一部分家长和孩子都会认为马虎没什么大不了，又不是不会？这种想法需马上打消，"千里之堤，溃于蚁穴"千万为要小看了细节问题，它往往会使眼看着就要成功的事情最后落得个功亏一篑的下场。

不拖沓——向有效时间要效率

在学习上，有些孩子明明十分钟就可以做完的事情，偏偏要半个小时甚至更多时间才会完成，这类孩子时间观念模糊、缺乏紧迫感。在学习时，他们能够集中注意力的去写作业、做练习的时间非常短，听课时也难以全神贯注，总爱边做、边听、边玩，学习效率极为低下。造成孩子磨蹭拖沓的原因一般有几下几种：一是缺乏学习兴趣，迫于家长和老师的压力，自己硬着头皮对付，能拖则拖；二是性格原因。天生就是个慢性子，慢条斯理是他们的性格特点；三是缺乏时间观念，不讲效率；四是注意力不集中，易受到外界干扰；五是没有学习方法和技巧，一遇到难点就阻在一处，无法前行。要想让孩子摆脱磨蹭、拖沓的坏习惯，就一定要有针对型，不同原因不同方法，方可一举见效。

1. 磨蹭、拖沓主要表现

（1）上课易走神，反应慢

课堂时间是孩子接受知识、记忆新知识最重要的环节。在这个时间内学习的新知识在大脑里的留下的印象最深刻，带有先入为主之势。如果因为走神或反应慢下半拍而漏掉了这个建立第一印象的机会，就会比原在同一起跑线的孩

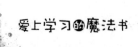

子慢下一拍，久而久之导致知识模块的缺失，学习成绩的下滑。

（2）学习"劳模"

这里的"劳模"讲得可不是劳动模范，而是对那部分做什么事情都拖拖拉拉且学习没有计划性的孩子。因为无论做什么事情都有"事半功倍"之效，所以常常因为在实行学习计划时的表现出了拖沓行为，从而使学习计划一环推后一环，最后，反而失去了休息和玩耍的时间。长久以往，不仅学习成绩难以保障，身体状况也令人堪忧。

（3）欠缺自控能力

自控能力不足往往是因为自觉性较差。这类孩子多半是家长管束不足而造成的。家长要从生活中的一点一滴起来培养孩子的自控能力，比如，看电视如果规定30分钟，30分钟过后就一定要自觉地回归到原本学习计划中等。

2. 改善磨蹭、拖沓的具体方法

（1）加强时间观念

孩子缺乏时间观念是导致磨蹭、拖沓的主要原因之一。在学习的时候，家长不妨限时、限量地开展一些训练，使孩子产生紧迫感，这样做会对矫正其磨蹭拖沓的坏习惯具有一定效果。比如，设定单位学习时间内要完成多少学习任务，如果计划内完成，可以施以小小奖励，如果未完成也要受到一定的惩罚。家长定要兑现承诺，预防只罚不赏或只赏不罚情况的出现。

（2）排除学习干扰

在孩子学习的时候，尽量减少一些可能造成注意力分散的因素。比如，书桌摆放要整洁、简单，以免孩子在学习的时候分心，直接导致磨蹭、拖沓的产生；身体出现异样时要及时看医生，不要强行学习等。

（3）性格内向

性格内向的孩子大多数不善言词，也很少有口头上直接顶撞家长或老师的现象。但是，这类孩子却存在着自己的想法，只是有了意见也不爱表达出来而已。所以，家长最好不要直接批评他们磨蹭、拖沓的行为，而是努力创建安全、稳定的环境，多鼓励，让他们找到自信心，自然行动会变得更加积极有效。

（4）接受能力差

不可能每个孩子都是神童，也不可能每个孩子接受知识的能力中间画得都是"等于号"。我们应该对于接受能力差的孩子给予更多的关注和帮助。虽然这些孩子在学习方面常常表现得磨蹭、拖沓，但是，在他们的内心里与其他类型的孩子不同。他们从内心是想把这些学科学好的，但是却因为思维、身体运行的速度慢而无法做到。作为家长，首先要理解他们，并积极主动地去掌握孩子的学习进程及学习状态，帮助他们做好课前预习，使其对新知识产生初步印象，课后，要即时地给予辅导，查漏补缺，保证学习效果。

这个世界很难有什么东西是不可改变的，只要家长寻找到孩子不良习惯的"症结"，制定出可行的方案，并坚持地做下去，你对孩子所有美好的希望都会开花。

不散漫——踏踏实实做学问

不把学习当回事，对于老师所布置的学习任务能少写则少写，能偷懒就偷懒；上课时不是找不到课本，就是忘记带书包；对设定的学习计划或是三分钟热血，或是视而不见。这种散漫，三天打鱼两天晒网的学习态度，如果不及时给予纠正，那么，孩子的未来必将一事无成。

1. 散漫行为的具体体现

（1）学习缺乏目标

无耐性是散漫的具体表现。这类孩子多半还不知道或是并不明确自己为什么要学习，甚至觉得自己是在被家长和老师逼迫的，因此，他们的精力并不会完全投入到学习中，对待学习任务也是能逃则逃，能偷懒的绝不会多做一点。

（2）"象牙塔"生活

现在的孩子多半都像温室中的花朵，衣、食、住、行都被呵护得无微不至，这种安逸的生活会让他们在潜意识里觉得生活本来就是这样美好的，只要爸爸妈妈在，什么事情就都会解决的。这种思想使孩子的主动性慢慢地退化了，习惯了"一个口令一个动作"。由于过度地依赖于大人，孩子的思想里甚至没有"下一步"，因此大人不在身边的时候，他们就自然表现出散漫的行为。

（3）缺乏长性

陶渊明曾经说过这样一句话，"勤学，如春起之苗，不见其增，终日有所长；辍学，如磨刀之石，不见其损，终日有所亏。"意思是说，勤奋学习就像是春天稻田里生长的禾苗，每天盯着看并不能发觉它的成长；荒废学业就像是用来磨刀的石头，好像看不见它被磨损了，但是却每天都在减少。学习要保持持之以恒的精神，不要"三分钟热血"起初兴趣高涨，干劲十足，没过多久兴趣不再时就心存放弃，表现出散漫之势，这样是任何事情都无法做好的。

（4）缺乏自我定位

如果没有目标，就一定要想目标，想到了就要咬住，因为缺失目标就不会知道自己要什么，自己处在什么样的位置上，自然，心里就没有定数，不清楚最后要达到怎样的效果。另外，自我定位还要让自己切实感觉悟到自己的身份是学生，学习才是第一天职，学习要靠自己的努力和奋进才能有所成就，找好位置，做好你该做的。

2. 改正"散漫"的有效方法

（1）树榜样

大人如果做事习惯于懒懒散散，孩子便会有样学样。家长在日常生活中要注意自己的言行举止，以培养孩子的意志力为目标，为孩子树立一个良好的学习榜样，这是教育好孩子的前提条件之一。

（2）善诱导

孩子的成长需要家长的循循善诱，当孩子对学习表现出消极的态度时，家长要根据实际情况及时地做出针对性行动，适当地给予支持和鼓励，以帮助他们修正散漫的态度，重整精神，以最饱满的状态投入到学习生活中去。

（3）竞争法

散漫，是缺乏竞争意识的体现。家长应该多鼓励孩子参与到竞争活动中，并全力帮助他们去实现预期目标。因为，在竞争中获胜会大大地激发出孩子的积极性，胜利的感觉会促使他们为了得到下一次的胜利而更加努力地前进。但是，值得注意的是"竞争"有赢就会有输，谁都不可能成为永远的赢家，倘若输了，如果家长没有及时地采取适当的方法，竞争法不仅不会改掉孩子散漫的缺点，反而会使其更严重。所以，家长要做好两手准备，引导孩子以积极的态度去面对输赢，唯有这样才真正达到了教育的目的。

（4）反激法

面对行为散漫的孩子，可以适当地利用孩子的逆反心理来激发出他们学习的斗志。倘若孩子有做事散漫、不认真，随意性强且不把学习当回事的特点，家长不妨以："看你做事虎头蛇尾，没有规矩，我就不相信期末你能考进班级前十名"等，带有反激色彩的方法来帮助孩子从心理上彻底地改变行为，脱胎换骨。

不放弃——别把自己不当回事

学习成绩不好没有什么大不了，即使你只考了全班倒数第一，只要你没有放弃自己，就还有机会在明天成为一个不平凡的人。但是，如果你先否定了自己，将自己的学习，甚至是前程看得一文不值，那么，不妨告诉你，即使是神仙下凡也救不了你！孩子的成长阶段可以说是人生中最宝贵的时期，也是汲取知识和把握未来方向最基础的时期，正是这样一个关键的时期，却有很多孩子不顾家长和老师的热切期盼，而固执地将学习大任当作人生大敌，弃如破履。孩子们为什么会有如此想法和行为呢？恐怕这也并不都是孩子的错吧？

1. 孩子在学业上放弃自己的具体表现

（1）玩重于一切

视学习为煎熬，上课盼下课，上学盼放学。一谈学习就头疼，一谈玩耍马上笑逐颜开。这类孩子对学习毫无兴趣可言，喜欢和老师做对，老师指西，他就偏偏向东倒。上课时，注意力不集中，听不进老师讲的内容，他们的精力多半放在上课说话和搞小动作上，对他们来讲，玩才是最重要的，在学习上完全放弃了自己。

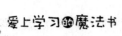

（2）自欺欺人

学习极度不认真，对于老师留的作业能少做就少做，抄袭或偷工减料如家常便饭。作业本和习题本上，鲜少见到写得工工整整，多半都是潦草的有如天书。这类孩子一部分在学业上还未完全放弃自己，考试临近时，还会采取一些应对措施，抱抱佛脚，搞一下突击复习；而另一类孩子考试前书本都不会碰一下，根本不把考试当一回事，走进考场也只是应付一下，没几分钟就交卷走人了。

（3）不务正业

完全想要脱离身为"学生"的一切束缚，常常借故旷课，甚至不向老师请假就不去上课，整日外出闲逛或沉迷于网络游戏。即使呆在学校也经常惹是生非，不是在校内打架就是与社会闲人聚在一起，滋事取乐。

2. 应对方案实录

（1）换个角度去改变

大龙是一名初三的学生，这一年就要中考了，却在这个节骨眼上出现了弃学现象，不论家长怎么说，就是无法劝动儿子重回学校。大龙的爸爸急坏了，不忍心看着浪费中考前的大好时光白白流走，但是心里却十分清楚不可硬逼着孩子行事，虽然急在心头，爸爸却没有对儿子发火，反倒到学校给孩子办了休假，买了到外地旅游的机票，带着儿子去放松了。回来之后，爸爸看到儿子状态良好便与孩子做了一次深入的沟通，了解了问题所在，原来是孩子在学校受到了不平等的待遇，心生不平而产生了弃学现象。在得知情况后，爸爸与学校做了沟通，并对儿子所提及的事情做了解释，帮助儿子解开了心结。现在大龙已经在一所重点高中读高中一年级了，谈及当年的这件事，大龙从心底感谢爸爸。什么事情都会有原因，对于孩子突然产生的放弃学业或自暴自弃的行为时，肯定伴随着某种特定的情况，家长千万不要不分青红皂白地硬逼着孩子马上恢复到以前的学习状态。孩子的心理行为和行动是没有人可以掌握的，甚至是他自己也无法做到，这时，家长就应该换个角度，站在孩子的立场上替他多想一下，如果沟通进行不下去，不妨换个环境，换个氛围，让孩子心平气和下来，到适当的时机，他们自然就把心中困扰之事和盘托出了。那时，家长再去解决才是最佳时机。否则，不了解情况下的一切行动，都只会让所有付出成零。

（2）紧急解决突发事件

家长最害怕的就是孩子在面临关键考试时出现突发状况。正常情况来讲，即使是平日里学习成绩平平的孩子，在面临重要考试之前的一段日子里也会突然用功起来，但是，就是在这个时期，一些平时学习成绩稳定的孩子却突然表现得不太正常。早上起来开始赖床，起来后也表现地磨磨蹭蹭不愿意上学，学习劲头明显大不如从前，自我感觉不良，学习效率不高。孩子为什么在关键时期出现这种情况呢？一是模拟考后成绩并不理想，比照自己理想的学校差距很大，一下子失去了信心；二是心理压力在不断升级，孩子突然产生了"不想学了"的想法。对待此类现象，家长最忌急于求成，找个相对高兴轻松的时刻与孩子好好谈一谈，并告诉他，只要你努力了，爸爸妈妈就心满意足了等，通过这种方式从心理和行动上帮助孩子卸下压力的枷锁，重拾自己对考试的信心。

三、增强自我能力，跨越障碍的高度

学习能力是自主学习的基础。若想克服困难顺水行舟就必须以增强自我能力来得以实现。在学习的道路上，障碍的高度是有限的，而自我能力的增长是无限的。只要肯努力，每一天、每分钟，你都会向成功迈近。所以，孩子们，倘若现在你正在经历学习的艰辛，也请你坚持住，因为成功已经离你很近了！

底子薄，基础差——急于求"成"学习法

如果准备参加跑步比赛的人，在起跑点上落后了一大段，还有可能后来居上，出奇制胜吗？学习成绩较差的孩子常常会因为自己的基础薄弱，从而失去了奋力追赶的信心。实际上，这种担忧是没有必要的，我们从小就听过龟兔赛跑的故事，骄傲的兔子正是因为自己的能力强，底子好，才轻视了对手，造成了最后的失败；而踏实的乌龟正是明白自己的底子薄、基础差，才一步都不敢懈怠，最终通过自己的努力取得了最后的胜利。虽然是童话，但其基本道理是一致的。学习成绩较差的孩子只要心怀希望，遵循一套适时且可行的学习方案，踏踏实实地将过去遗失在路上的知识认真地捡回来，重新开始，你就一定可以克服困难顺水行舟，让一切不可能成为现实！

1. 稳固自我心态

俗话说："没有规矩不成方圆"，有的孩子实施学习计划没有规矩，当看到别人成绩提高了，心里一着急，便忽略了自我接受能力，盲目地增加学习的量，结果导致学习效率低下；当看到别人成绩降低了，便心生懈怠，行动跟

不上计划，致使学习效率大不如从前。学习计划的实行，首先要遵循踏实的原则，东一榔头，西一棒槌，见异思迁，没有条理的学习方式，只会令自己的心态变得愈加浮躁。稳固心态，意识到基础的重要性，在深刻理解"万丈高楼平地起"的道理之上，再去实行适合的学习方法，学习成绩才可能有所提高，以达到学习的目的。

2. 对家长的要求

学习若想"成事"，就一定要抱有一颗必胜的信心。有一句话说"不想当将军的士兵不是好士兵。"学习也是如此，如果孩子缺少了对良好学习成绩的向往，那么学习底气自然不足，学习的动力也就相应减少了。作为一名成功的家长，在指导孩子学习前，应该把握住孩子对所学内容理解的准确程度和深入程度，应该明白只有把握好学习环节和学习秩序才可以得到有效率和效果的学习方法。只有认识到位了，并保证孩子按此要求做到了，孩子的学习效率才会有机会取得一次质的飞跃。

3. 怎样补救学习成绩

（1）从孩子感兴趣的科目着手

每个孩子都有他自己的闪光点，即使是学习成绩最差的学生，也总会有一、二门自己比较感兴趣的学科，家长不妨以此为切入点，让孩子在学习中找到自信和乐趣，而后再渐渐地将学习的范围扩大，以点带动面，以达到学习成绩的全面提高。在家长的惯性思维里，往往是哪科学得差才会去补哪科，这样做的后果往往起不到多大的作用，反倒使孩子的自尊心受到了牵连，自信心严重受挫，致使金钱打了水漂。如果是这样，倒不如从难度最小的科目开始做起，即孩子感兴趣的学科学起，集中精力和时间，使兴趣点逐渐成为自身的优势，而后再将那些相对来说学得差的学科，做有效分配，如学二十分钟不感兴趣的学科后，才可去接触那学得得心应手的学科，也就是差与优相结合，使其差的变优，优的更优，进而达到全面提高各学科学习成绩的目的。

（2）急于求"成"法

学习要讲究循序渐进，这一点是无可厚非的。可是时间是不等人的，如果在面对重要考试或是课程已经落他人之后的时候，快速赶上才是硬道理。运用

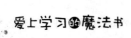

这种方法的时候，就要打破常规，以"速"取胜。在数理化的学习中，第一个步骤便是将以前学过的课程内容进行简要总结，列出一些与以后学习有关的重要概念、公式和定理，暂不用去理解，只需"死记硬背"背牢、背熟，这样做的目的是在相对较短的时间内赶上目前所学的课程，以便顺利地追上学校现有的学习进度。这种做法的优点是避免因课程的大幅度落后而影响以后学习的全面障碍，可以跟上整体进度。当然，其缺点也是不可避免的，这就要求孩子在跟上整体课程之后，再多运用课余时间去消化先前当只处在"背熟"阶段的概念、公式、定理。从而使知识保持平衡。

注意力"开小差"——对症下药学习法

好奇心重，注意力极易受到外界干扰是中小学生的"通病"，虽说被称作为"坏毛病"，但是却是正常的、情理之中的，是符合孩子年龄特点的。所以，首先家长和老师要给予充分的理解，不应过度责罚，以防管教不成，反而激起孩子的逆反心理，给教导过程带来不必要的阻碍。当然，对于孩子注意力易分散的问题，我们不可以视而不见，而是要采取"温和管制"的方法，从影响孩子注意力的源头抓起，尽量不与孩子产生正面冲突，在无声无息中将存在的问题轻松解决。

1. 注意力，知多少

注意力就是把自己的感知和思维等心理活动指向和集中于某一事物的能力。注意力包括有意注意和无意注意。有意注意是指有预定目的、主动地为一定任务服务的注意。它是自觉的，并需要作出一定的努力；无意注意是指没有预定目的，被动地、自然而然地发生的注意。它不需要作出任何努力。在学习上，我们着重在意有意注意力的应用。

2. 如何克服注意力"开小差"

（1）注意力"开小差"的原因分析

注意力"开小差"是指一个人的某些有关心理活动未能充分地指向和集中于当时所应该指向和集中的事物，或完全离开了当时所应该指向和集中的事物的心理状态。上课时，孩子如果出现此种情况，一般是由于以下几种原因所造成的：一是注意力稳定性不足，比如，倘若孩子的注意力大约能保持２０分钟，那么过了20分钟就很难对同一件事继续关注了；二是有意注意未能及时顺利地转移，以造成注意力的延误，表现出了呆滞状态；三是由于过度疲劳和睡眠不足、饥饿而导致的；四是心里有事，并时刻牵挂着，无法将注意力集中，表现得心事重重且心情不佳。

（2）对症下药，出奇制胜

首先，要着重培养学习在孩子心中的地位，使其学习态度得以端正；其次，最好让孩子参加一些体育活动，因为健康的身体和愉悦的心情有助于延长注意力保持的时间，并可以达到磨炼意志，培养耐性的目的；最后要适当地给孩子制造些学习上的"障碍"，并以引导、鼓励等方式加强孩子的意志力，从而间接地使孩子的自制能力得以提高，即从根源上消灭注意力"开小差"的发生。

（3）具体实施方法举例

自我意识的贯注，让孩子了解自己存在注意力易"开小差"的行为，并让他们在潜意识里抵触此类事情的发生，让他们多用心去想办法去除可能会妨碍到注意力的因素，未雨绸缪，将当前所面对的问题重点加以解决，保持身心最佳状态，注意力就可以提高很多了；在学习中，有的时候一些可以发出细微声音的事物都可能会干扰到你的注意力，如果自己难以克制走神现象的发生，不妨采用以恶治恶的方式，比如也可以尝试着发出声音的学习方法来加以对抗。这样一来，一些细小的声音就会被你的声音所取代，让你觉得小的更小，已经失去左右注意力的作用了。而对于那些由于心中有"事"困扰而导致注意力"开小差"的孩子，可以采用将烦恼统统写在本上的方法，直面分析，思考深入些，找出解决之道，并同样将其方法也写下来，正视它，即使不能及时找出好办法，也可以对孩子的情绪有所帮助。如果目前找不到解决方法，让他们暂且将问题放下，对于目前集中精力处理眼前之事会有极大的好处。

3. 劳逸结合效果佳

人的注意力持续集中的时间是有限的，对于小学生来讲大约可以持续30分

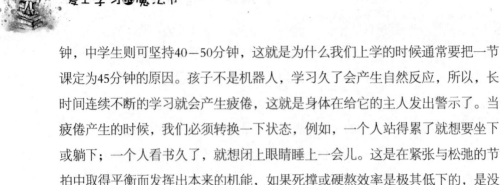

钟，中学生则可坚持40—50分钟，这就是为什么我们上学的时候通常要把一节课定为45分钟的原因。孩子不是机器人，学习久了会产生自然反应，所以，长时间连续不断的学习就会产生疲倦，这就是身体在给它的主人发出警示了。当疲倦产生的时候，我们必须转换一下状态，例如，一个人站得累了就想要坐下或躺下；一个人看书久了，就想闭上眼睛睡上一会儿。这是在紧张与松弛的节拍中取得平衡而发挥出本来的机能，如果死撑或硬熬效率是极其低下的，是没有任何意义的。特别是中小学生正处在身体发育的重要时期，更要注重劳逸结合，否则即使学习成绩上去了，身体却搞垮了，这笔账也是划不来。"身体才是革命的本钱"，没有健康一切皆为徒劳。

厌学、学习疲惫——重点优化学习法

厌学、顾名思义就是讨厌学习。孩子在主观上对学习失去了兴趣，产生了厌倦情绪和冷漠，一拿书本就头疼，一谈学习就疲惫，这种行为让老师和家长伤透了脑筋。同为厌学者，情况也不尽相同，一般可分为两类，一类是在大人的督促下仍会硬着头皮啃书本，仍然保持着努力的状态，但是由于缺少学习兴趣做支撑，学习早已经变成一件枯燥不堪的事情，学习效率自然不高；另一类是沉迷于网络或其他，并以此为跳板，将学习之事彻底抛弃，无论怎样打骂都无济于事。孩子为什么会产生厌学情绪呢？怎样才能让他们回归课本，回归课堂，使成绩有所提高呢？

1. 厌学现象的具体表现

厌学是指孩子在主观上对学校的学习失去兴趣，产生厌倦情绪和冷漠态度，并在客观上明显表现出来的行为。具体表现在不爱去上学，经常想以各种借口请假。在学校表现消极，学习效率低下，上课盼着下课，上学盼着放学。情绪方面时而烦躁不安、多思多虑，时而眼神呆滞，思想溜号。看什么都不顺眼，对别人和自己都感到厌烦，很容易做出逃学、退学甚至是离家出走等极端行为。

2. 产生厌学和学习疲惫的原因分析

（1）抗挫能力差

我们常常会在新闻媒体上看到某某学生因为与家长发生口角而跳楼，某某学生因为高考失利而轻生……这些现象都是时代给家长拉起的警号。现在的学生学习承受力越来越差、抗挫折能力也越来越弱，这与家长对他们的期望值形成强烈的反差。孩子们害怕了、退缩了，他们觉得自己难成大业，情愿躲起来，也不愿意扛着压力去学习，厌学就这样产生了。

（2）教育方向的偏差

好孩子的标准是什么？难道仅仅是学习成绩好，排榜名次高吗？在考试制度下的教育模式已经严重左右了大人的思想，很多家长完全将教育孩子的侧重点盯在了学习成绩上，只有在学习上出现了问题，他们才会觉得是问题，而对孩子的责任感、生活能力、人格的培养等视而不见，使教育方法脱离了该有的轨道，致使孩子一学习就累，更甚者产生了厌学情绪，出现逃课、逃学等现象。

（3）强烈的外界诱惑

不可否认，现代生活真是丰富多彩，孩子们可以碰触到的，玩的，都是即新奇又刺激的科技产品。几年前的家长还在为孩子沉迷于电视的行为而着急，而今天更多的家长无奈于网络游戏对孩子产生的巨大吸引力。正因为孩子在学习中体会不到快乐，所以才专注于此。

3. 优化学习方案，治标还要治本

（1）激发学习动机

德国教育家第惠斯多说过："教学的艺术不在于传授的本领，而在于激励、唤醒、鼓舞。"没人想考零分，没人想做倒数第一，孩子内心深处都是渴望上进且都具备学好动机的。家长要做孩子成长的领路人，就要让孩子认识到自己的目标，帮助他们将个人目标同学习目标结合起来，并在进步时给予赞扬和肯定，在退步时给予鼓励和鞭策。当孩子认为学习有必要并产生兴趣时，便会积极主动且心情愉快地去对待，自然不再会再出现厌学现象了。

（2）"重点班"未必好

很多家长在给孩子选择学校和班级时大费周折，就想给孩子弄个好学校，

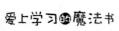

再为其挑个"重点班"。可是，有的孩子却并不适应这样的生活，因为害怕到学校去而逃避在家里不去上。家长抱怨孩子不懂得自己的一片苦心，却不知道孩子的心里也藏着一本难念的经。重点班未必适合于每一个孩子，那些学习成绩优异的孩子多数都不会把自己的好方法告诉其他同学，有些甚至瞧不起学习成绩不好的学生。而那些所谓的差生，长期浸在这种低气压的环境中几乎觉得难以呼吸，急切渴望自由的空气，因而厌学情绪自然而成。重点班虽然学习氛围浓厚，但是并不一定适应于任何一个孩子。倘若，孩子宁在小池塘里游得快乐，也不愿到大海里被贬得一无是处，那就给他选定一个快乐的小池塘吧。

（3）低要求换来高标准

如果明知道孩子的基础薄、底子差，却还要制定高标准的学习目标，那便是不合时宜的。目标可以随着孩子的进步而逐渐提高，却万不可一步到位，遥不可及，那无非是点了孩子的死穴，逼着他们去讨厌学习。根据实际情况降低学习目标，低起点，慢节奏且有规律地实行学习计划，坚持下去，孩子又怎么会厌学呢？

尊重和关爱你的孩子，及早地了解孩子的内心世界，那些只关注学习成绩的家长做得并不成功，除了学习，作为家庭来讲还应该有亲情，有爱。无论是在学习上还是在生活中，都要与孩子多做沟通，以便尽早打消孩子倦学、厌学念头的萌生。

全无计划一团糟——统筹兼顾学习法

学习一定要有计划，如果在面对不同学科的学习时，都像无头苍蝇一样东学一下，西看一下，那么到头来必然会弄得自己一头雾水，什么事情都做不好。在制订学习计划时，应避免冲动决定，要从整体出发，统筹兼顾好各方面事宜，从而使学习计划合理、有序地向前推进。

1. 学习忌贪多，一口吃不成胖子

细心观察下家长会发现这样一个问题，孩子的书包越来越沉，特别是每逢周末或放假，原本放在学校的书本都会被孩子一股脑地背回来。由此可见，孩

子们都想利用自由支配的时间多学点东西，但是真正能够做到的却屈指可数。其中一种，当然是理想比天高，做起来比纸薄，书本一动未动；另一种则是在这段时间没有考虑自己的实际能力而盲目地制订学习计划，以至于造成"贪多嚼不烂"情形的出现。贪婪的计划对自己的学习也是有害的，由于无法达到既定目标，屡屡失败的后果是为自己带来太多的挫折感和失利感。而这种心态的产生甚至会让你对自己的学习能力和学习计划的作用产生怀疑，同时对自己和计划失去信心。因此，在制订计划前一定要保证其切实可行，高不可攀的计划不如不定，但是却也不可将要求压得过低，过低的标准会让孩子因为没有挑战性而缺乏动力，做久了就会厌烦。量力而行，学习计划才会起来它真正的效用。

2. 掌握尺度，乱则出错

谁都不是生来的救世主，谁也不可能生来就像他一样与生俱来的责任就是"救世"。如果我们没有计划可循，当碰到某些事物的时候，人们潜意识里沉睡的"惰性"会在不自觉中擅自为你做了主张，这就是为什么人们都喜欢做简略的事，而对那些繁而杂的事则能躲则躲，能避则避，这种情况在学习中也是如此。学习最忌讳杂乱无章，倘若没有计划做索引，"惰性"自然会冲到主导地位上左右你的思想和行动，由此可见，制订计划势在必行。在制订计划阶段不妨在以下三种类型下全局考虑：一类是重要而紧急的事；二类是重要而不紧急的事；三类是不重要不紧急的事。在具体实施时，要遵照一、二、三的顺序来开展行动，学习计划就会变得井然有序，学习效率也会随之提高。而且，因为开始做"一"的时候会有些难度，而后做"二"、"三"的便越做越容易，这会让孩子变得更有自信，更紧张。

3. 制订计划要留有余地

学习计划的时间不可过满，这一点在前几章中我们已有提及，在这里再进行一下重点强调。为什么要反复地谈到此点呢？有这样一句话"计划没有变化快"，倘若一切事情都按着我们所制定的计划行事，那么，我们也就可以被称为占天卜地的"天人"了。生活中，我们很可能会碰到些偶然的、突发的情况，致使所定计划不能按时完成，比如，有亲朋来访、学校开展活动必须参

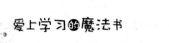

加、有朋友请你帮忙等等。这些计划之外的事情经常会打乱你原有的安排，倘若学习计划没有留下余地，一个事情被打乱后，很可能后面所有的事情都被顺延打乱，弄得身心疲惫也未必可以按时完成。所以，在计划时务必要有所考虑，才能保证学习计划的顺利实施。

4. 今日事，今日毕

实行计划时，最忌讳的就是拖沓。比如，要放大周末时，本来周五晚上就可完成的学习任务却因为第二天的休息而被后移，而到了周六，却又因为周天的休息，而又将周五、周六的学习任务一并后移。对付这种情况最好的方法就是变"做"为"做完"。开始学习的目的并不是翻了书放在那里就不管了，而是要有始有终地按计划完成属于今天的事。切记：今日事，今日毕。

一做就错失信心——优化技巧学习法

在学习生活中，有很多家长都十分不解，自己的孩子明明很聪明，很难的知识往往都是一讲就会，一说就通，可是每到做，就十有八九都会做错，搞得大人和孩子都不知如何是好。到底是什么原因导致这种现象的发生呢？仅仅是因为孩子的粗心大意吗？作为家长，要怎样帮助孩子突破瓶颈，达到提高学习成绩的目的呢？不妨听听专家的意见：

1. "一做就错"的原因分析

努力学了，但是一做就错的原因不外乎于以下几点：

原因1：忽略预习

有很多孩子并不注重课前预习工作，认为"老师课堂会讲"，所以把它归为可有可无之列，实际上却未必如此。预习就像是我们打的预防针是可以保障我们不去生病。课前预习会帮助我们去了解一无所知的学习内容，变被动听课为主动，这对深入新知识掌握程度是大有好处的。

原因2：不会复习

复习起来毫无头绪，对所学过的知识不能很好的吸收，以致不会的知识越来越多，因而造成基础越来越不牢固。

原因3：不注重练习

"台上一分钟，台下十年功"，好的成绩不是一蹴而成的，而是需要平时加倍的努力。有很多孩子上课时听得很认真，也理解得很到位，但是却不重视平时的练习和作业，未能使所学的新知识得以及时地温习和巩固，进而导致学习基础越来越差。

原因4：不会运用学习工具

家里的工具书一大堆，却只被当成是摆设从来也不翻，从来也不用，这便是学习的弊端。学习方式生硬、呆板，只识得一两种自己已经习惯的学习方式，不会运用学习工具。这种死板的学习模式是阻碍孩子进步的最大障碍之一，家长务必要有所认知，不要认为孩子学了就一定能学好，如果没有良好的学习方式，就连事半功倍的效果都未必能够达到。

原因5：不会举一反三

举一反三的首要要求便是掌握解题的思路和基本方法，如果孩子的学习模式限于死记硬背，那么在面对稍有变动的新问题时，就会自然性的生搬硬套，而不会就其题目的知识中心点做灵活处理，这也是"一做就错"的根本原因之一。

2. "一做就错"的潜在危害

"一做就错"的危害也是显而易见的：在背诵或记忆时出错率高，对老师所讲的知识似懂非懂，对学过的知识一知半解；为其讲解题目的时候，似乎会了，理解了，可是过不久，即便是前不久刚刚讲过的那道题目，他们也多半是支支吾吾，一问三不知；做题时，当题目涉及某个知识点时，孩子对其有印象，但是却十分模糊，最后不得不去查阅例题和知识点，记忆的不牢固致使孩子在做题和考试时磕磕绊绊，毫无顺畅而言；总做总错，势必会使孩子的自信心受挫，易患考试综合征。

3. 优化学习技巧，避免"一做就错"

虽然百挫不挠是每个孩子都应该具备的良好美德之一，可是如果一直都"挫"就说明孩子在学习的过程中始终不得其解，这就要相应的做出解决方案了。

（1）一定要预习，学会预习，进而做好预习。在课堂上，认真听讲，争取通过前期预习工作的付出使被动变为主动。

（2）学习要趁热打铁，要注重复习，巩固已学知识。

（3）认真完成老师布置的各项任务，有针对性地做些练习，以达到温故而知新的目的。

（4）学会举一反三，要深刻理解所做题目，不可当"一知半解"为会，会即是懂、通。

只有懂得这些，并坚持做到、做好，孩子才可以真正地摆脱"一做就错"的帽子，进而跻身入学习排行榜的前列。

学有余力勿浪费——查漏补缺学习法

在家里，家长通常都将视点锁定在那些在学习上心有余而力不足的孩子，却很少关注那些轻松完成学习任务之后就无事可做的孩子；在学校，老师一般也只按照中上等水平来要求学生，学习优秀、学有余力的学生反而受到了不同程度上的忽略。这无非是对孩子剩余精力的一种浪费。如果孩子们能够将学习任务以外的精力抽出一部分回归到学习上，将脑子里储存的旧知识翻阅一遍，把从前落下的东西补上去，将学习的新知识添上去，查漏补缺，进而使掌握的知识更加牢固，学习成绩自然也会只升不降或稳定保持。

1. 将旧知识上存有的漏洞及时补上

人无完人，即使你学习成绩再优秀，也难免在某一学科或某种学习方法上留下漏洞。自己之所以没有发现，只是因为现阶段学习的新内容与这部分知识关系还不太密切。但是，学习最忌讳的就是得过且过，尤其在总复习阶段，旧知识上的漏洞往往会给自己增加更多的负担，而超载的结果往往造成考试的失败。为了避免这种现象的发生，学有余力的孩子不妨利用多出来的时间通过自我检测等方式查找出自己学习上的漏洞并及时补上，力争做到有备无患。

2. 选择专题进行专题复习

学习也讲究熟能生巧，多做多练，只有这样才能够使自己在面对任何变型的题目时都胸有成竹，临危不乱。学习是没有止境的，对于优秀的学生来讲，绝不能满足于学一遍就行的观点中。只有从不同角度，不同层次进行多方面的学习，才能够真正地体会到所出题目"万变不离其宗"的真谛。因此，如果孩子学有余力，不妨选择专题来进行练习，使学过的知识更能好上加好，精益求精。

3. 提前学习，培养自学能力

如果将时间白白地浪费掉，倒不如为自己安排新课程，有方向地实行超前自学计划。

（1）调节学习密度，适当展开自学计划

如果学有余力或是赶上假日、假期，学习优秀的孩子可以为自己挑上一两门学科，通过自己看书、理解、记忆、做练习等方式进行自学。这样做的目的不仅可以培养主动学习的精神，避免了对多余精力的浪费，也等于对新课程做了预习工作，当老师在课堂上讲到已自学过的部分时，自己就会感到很轻松，好心情自然也就会随之而来了。

（2）你想过跳级吗

如若孩子真的具备自我超前学习能力，并已经取得了一定的成果，那么家长不妨考虑一下能否为孩子申办跳级。如若可能，在跳级前要注意以下几个问题：一是确定跳级的时间；二是安排好跳级前的学习生活；三是安排好跳级之后的学习生活。跳级不要轻易决定，一定要思前想后，做好充分的准备后再做定夺。

4. 发挥自己的爱好优势

充分发展自己爱好学科的优势，使之成为特长。现代社会需要的人才不仅仅满足于学习课本的人，很多时候更侧重于其他技能的应用。对于那些学有余力的孩子，家长不妨根据孩子的喜好选择一门学科来进行课外学习。如舞蹈、国画、钢琴等。这些活动对孩子身心的健康发展极具好处，除此之外，还会起到丰富孩子课外生活的作用。但是，值得注意的是，家长不应根据自己的想法去给孩子报兴趣班，而是应该让孩子自己去选择，喜欢什么便学什么，这样才有可能达成学习的目的，并使孩子获得了某一方面的技能。

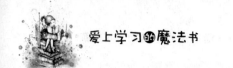
5. 帮助孩子的小伙伴

有些家长思想存有一些自私情绪，每当看到自己的孩子在花时间为其他的孩子讲解习题的时候，总害怕孩子耽误了学习时间。孩子们也普遍认为帮助同学就是"只进不出"。从品质来讲，这显然是不正确的；从学习角度来讲，也同样是不对的。有一句话说："予人玫瑰，手中留香"，为其他同学讲解问题的过程也是温习旧知识的过程，这种做法也可被称为是增强记忆力的有效方法之一。另外，跳出所讲解学科的范畴，讲解并使被讲解人听懂，也是锻炼孩子语言组织能力及表达能力的有效途径。

第六章

学习记忆
优异成绩的根本

　　学习离不开记忆，记忆力的好坏直接影响到学习成绩的高低。现在有很多中学生，常常抱怨自己的记忆力不佳，只恨父母没有给予一颗聪明的大脑。事实上，普通人大脑的记忆功能差别并不大，许多具有出色记忆能力的人，都是经过系统训练而形成的。记忆的本身也是知识的存贮，好的记忆力好比银行，而学过的知识重点就是货币。货币存进了银行便有了保障。学习中存在的困难自然就会迎刃而解。

一、学习好与坏，记忆是关键

作为一名学生，出色的记忆能力绝对是取得优异成绩的必要法宝。想象一下，每逢考试时，你就会立刻回忆起考试题目所涉及的知识点；每当老师要求熟记课文或定理时，你总会背得又快又好……那将是多么幸福的一件事。别再满口的"我不会"，"我不行"，给自己的大脑充充氧，坚持下去，你就会同样拥有超凡记忆力。

记忆力到底是在说什么

我们每个人都希望自己拥有超强的记忆力，那么什么是记忆力？你对记忆力了解多少？怎样能使记忆力得到有效提高，这些问题你知道吗？

1. 走进"记忆力"

（1）记忆力的含义

科学家认为记忆力可分为短期记忆力、中期记忆力和长期记忆力。形象地说，开车就是长期记忆，即使好多年不开，一上手仍然会开；写得一手好字就是中期记忆向长期记忆过渡，只有经过反复的练习，不断地巩固，才会变成长期记忆；短期记忆则拥有庞大的家族，但是这个家里的成员并不健康，每一百个成员一天会牺牲九十九个，只有一个勉强地留下来。孩子要想在学习上取得好成绩就要学会将短期记忆转变成中期记忆，最终完成向长期记忆过渡的曲线。只有这样才能使大脑中印象模糊的知识，变废为宝，永久封存。

（2）记忆的类型

根据记忆内容的变化，记忆的类型分为以下四种类型，即形象记忆型，它是以事物的具体形象为主要的记忆类型；抽象记忆型，它是以文字、概念、逻辑关系为主要对象的抽象化的记忆类型，如，"自由主义"、"市场经济"、"逻辑思维"等词语，特定学科的定义、公式等，也称词语逻辑记忆型；情绪记忆型：它是指情绪、情感是指客观事物是否符合人的需要而产生的态度体验。这种体验是深刻的、自发的、情不自禁的，所以记下了就很难忘掉；动作记忆型：它是以各种动作、姿势、习惯和技能为主的记忆。动作记忆是培养各种技能的基础。

2. 增强记忆的有效方法

（1）集中精神

打个比方，一个人在聚精会神地练字，他会写得很好。倘若这时他把电视打开一边练字一边看电视，写出来的字照从前相比肯定大失水准。记忆也是这个道理，唯有专心致志地做一件事，坚持不被外界所干扰，大脑皮层才会留下深刻的记忆痕迹，所记忆的事物自然不容易被遗忘，相反，如果精神涣散，三心二意，其记忆的效率必定是低下的。

（2）培养兴趣

学习兴趣是提高学习成绩的关键，倘若对知识材料、对象提不起学习的兴趣，那么即使花再多的时间，也只能是徒劳。所以，这一条是不可以忽略不计的。

（3）听、说、写相结合

同时利用身体的语言功能，听觉功能与手部运动相协调，三者兼顾，用以达到强化记忆，提高记忆效率的作用。

提高记忆的方法实质就是尽量避免和克服遗忘。"方法"只是对孩子起到引导作用，而不能将所涉及的方方面面一网打尽，所以，在依照方法学习的实践中，要求孩子用心体会记忆的规律及方法，以达到改善和提高记忆力的目的。

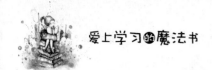
记忆力不是与生俱来的吗

培根曾经说过："一切知识不过是记忆。"好的记忆力是知识累积的必要条件，是学习成绩的基础。很多孩子往往会因为记忆力不好而感到痛苦，刚刚上完了课，自己就像是没有学过一样；别的同伴30个单词一会就背了下来，自己却怎么也记不住……时间久了，孩子们给自己归为了"笨"孩子的行列，甚至觉得自己的记忆力差，天生不是读书的料。由此可见，记忆力在孩子的自我定位心理上起到了举足轻重的作用。那么，记忆力真的是与生俱来的吗？你相信有一天自己也可以成为记忆高手吗？

先听这样一个故事：在我国东汉时期有一名叫做贾逵的人，长到5岁的时候还不会说话，家里的人都很为他着急。贾逵的家与私塾仅有一壁之隔，他的姐姐便经常抱着他到篱笆旁去倾听。没想到，这一听便引起了贾逵的兴趣，每一次都听得十分认真。这个举动让姐姐心中暗喜。待贾逵10岁的时候，有一次，姐姐听到他在一旁念念有词的默诵，近而一听，弟弟所背诵的竟然是五经，于是便问他："我们家里这么穷，也没有给你请过老师，你怎么会懂得天下有五经？而且还都能背诵下来呢？"贾逵回答姐姐说："以前姐姐常抱我到隔壁的篱笆边听私塾里的人读书，于是我便把它们全部都记了下来，闲下的工夫，我再反复地背诵，遗漏掉或记不清的地方再渐渐的补上，都不会有所遗漏。"除此之外，贾逵还将庭院里的桑树皮剥下来，裁成薄片，边诵边写。经过一年的时间，他已通晓五经及其他史书了。

看来，记忆力并不都是与生俱来的，即使你的记忆力不佳也可以通过训练来使其得以提高。所以，别再抱怨孩子头脑笨，只要找对方法，并坚持不懈地做下去，谁都可以成为人人羡慕的记忆大师。

高效记忆需要遵循哪些原则

万事万物都带着与生俱来的条条框框，从反面看，就是制约；从正面看，则是为了达到最高效能而必须遵循的原则。记忆，也是如此，唯有深入了解，透过表面见其本质才能达到高效记忆的真正目的。

1. 高效记忆的三大原则

（1）表征化原则

应用形象生动、易于记忆的表象——几乎所有广告商家都会将自己出品的广告包装得形象且生动，这种做法恰恰是遵循记忆表征化原则的体现。目的就是在不到一分钟的时间里，紧紧地抓住观众的眼球，给他们留下深刻的印象，以达到打响品牌知名度的目的。

（2）组织化原则

激活记忆中的有关知识结构——根据某种主题、情节等组织并激活某些信息，以便将它们与要记忆的信息联系起来。比如，一说到"地震"，我们马上就会想到"汶川"、"唐山"；一说到"海啸"，脑海里一下子就会蹦出深受其害的"日本"。

（3）联想化原则

将记下的新知识与原有的知识结构相应各处的点做联系。以"旧"固"新"，借助于原有的熟悉为基础，在巩固旧知识的基础上来记忆新知识。比如，一个空屋子里有30样物品让你记下来，你觉得很有难度。可是，当你发现，这30样物品中居然有22样物品与你所熟悉的另一间屋子里的物品一致，这就意味着，你只需记下8样就可以了，这样一来就比原来记下30样物品的任务容易多了。

2. 记忆技巧要遵循生理规律

按着记忆的生理规律，学会将提高记忆力的技巧运用到学习生活中，与之融会贯通。

（1）课堂上圈住短期记忆

短期记忆有如拨打一个我们并不熟悉的电话号码，打的时候记得，拨打过后，随即便会不记得了。这就要求孩子们在上课的时候，用心听，对老师当课所讲的内容，尽量理解，积极思考，以达到取得圈住短期记忆，获得较深印象的目的。对于新知识的记忆吸收，最好要将进程挪至当天完成，而后，根据记忆曲线规律，过几天当记忆即要开始模糊时再加以巩固，使其条理化。再后便

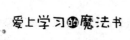

是周期性地进行定时复习，几轮之后，短期记忆便会逐渐由无证游民变有证居民，在大脑里的安家落户了。

（2）记忆回顾时间的选择

万事万物都会经历由兴至衰，再由衰至兴的过程。记忆也必然会行驶在生理规律的轨道上，万变不离其宗。所以，记忆回顾的时间段应放在早晨或安静的夜里进行。科学试验结果表示，人体记忆功能最佳的时间应在早晨的6点至8点和晚上的6点至10点。只要能够认真地对待这两个时间段，就会达到较高的学习效果。有些孩子很喜欢在记忆进行的时候，戴着耳机听音乐，这是不被允许的。因为在大脑用心工作时，它只允许一个中枢处于兴奋状态，这样一来，如果兼顾地做些其他的事，那么势必会同时存在几个兴奋点，从而引起心不在焉或三心二意现象的出现，从而大大降低了记忆效果。

（3）记忆需要放轻松

有许多家长都喜欢"限定式"教育，比如规定一些内容让孩子在半小时的时间内背诵下来，否则就要受到一定的惩罚。实际上，"限定式"教育并不适合运用在促使孩子去记忆的方面。因为记东西最忌讳的就是紧张。人在紧张的时候，会促进甲肾上腺素分泌增加，而这种物质又恰恰是损害精神集中功能和记忆力的大敌。反之，人在安静和宽松的状态下，垂体后叶分泌加压素，这种物质则是对增强记忆功能的良药。看来，记忆也是要讲究环境和心态的，家长虽然望才心切，但是也切莫要操之过急，犯了生理规律的大忌。

（4）记忆方法要灵活

谁把记忆看成是一件枯燥的事，就证明谁没有认真对待自己的学习。别做死板的老学究，人之所以有聪明和愚笨之分，并不完全因为先天的因素，更多的则是大脑勤劳与懒惰所导致的结果。记忆的时候，完全可以不照本硬记，而是将知识点及所要背诵的内容编成一些口诀，将复杂的条条框框整合得条理化、提纲化，使知识形成记忆系统，使其四通八达，这样便可通过联想来增加记忆效果。

（5）小方法解决大问题

你知道吗？左右转动眼珠便可以有效提高记忆力。在动画片中，我们常常会看见那些狡猾的动物想办法的时候都会转动眼珠，然后，一个坏主意就出来了。实际上，这并不是没有依据的。如果我们想要回忆起某件事情的时候，也只要将眼球左右来回转动30秒，便也会产生良好的效果。因为眼球水平转动可以让大脑的左右半球互相沟通，这对于重新勾起人们的记忆至关重要。

3. 保持良好的心态

拥有良好的心态是高效记忆的前提保证。心理学实验证明，人在心情舒畅且精神饱满的时候，记忆能力就强，反之则差。要想拥有良好的心态，仅仅是保持微笑是远远不够的，还要具有正确的人生观、价值观，具有遭受挫折的心理准备，以及自我调控的能力等。

4. 杜绝大脑疲劳

人的记忆过程就是大脑皮层神经细胞积极活动进行记录和保存的过程。所以，用脑过度导致疲劳时，大大脑皮层上脑细胞的活动就会受到抑制，甚至处于半休眠或休眠的状态。这就像是一个快要没有电的时钟，虽然指针还能向前移动，但是却会出现跟不上时间节奏的现象。大脑出现疲劳时，也会处于这种状态，任何信息经过此地的时候就会受到阻碍，很难再获得有效接收和反应。由此看来，解除大脑疲劳也是增强记忆力所必须遵守的原则之一。理应受到重视。

5. 引起重视的几个方面

（1）反复多次地进行学习复习。

（2）尊重客观事实，盲目用功，造成脑疲劳，其结果往往会事与愿违。

（3）积极主动地去学习，避免被动强迫去学习。

（4）相信自己，不要妄自菲薄。

辅助记忆的科学方法

如果将人脑比作电脑，那么记忆就是存盘，是新事物经过大脑时留下的印记。但是，它与电脑存储功能有所不同，人脑会将所识事物按等级自动分档，记忆深刻的留下归档，记忆模糊或不足的，便渐渐地被抹掉，最后消失殆尽。

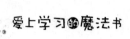

如果想让记忆在大脑里占有一席之地，就一定要背下功夫，倘若再有一套可行的科学方法做辅助，记忆的效果将必定事半功倍。

1. 记忆暗示法

以前看过这样一个故事，有一个人得了重病，躺在医院的床上，总是觉得自己下一刻就会死去。那时正当秋天，这个病人看见窗外的一棵大树上的叶子，随着一场一场的风掉落，心里无尽的苍凉。于是他对家人说："当这棵树上的最后一片树叶掉落的时候，我的生命也将终结。"有一名画家听到了这个人的话，于是，他画了一枚叶子，牢牢地挂在了树上。树上叶子一天比一天少了，病人就要奄奄一息了，他静待着最后一枚叶子的掉落。可是，当所有的叶子都落下的时候，却仍然有一枚绿色的叶子挂在枝头。一天过去了，两天过去了，仍然如此。病人心想，这一定是意味我的病还有转机。于是，这个病人一改常态，每天积极的参与治疗。他每看一次这枚叶子，就会觉得自己的病好了一点儿。终于，奇迹出现了，这个病人最后战胜了病魔，重新获得了生命。心理暗示的作用是无可比拟的。用在学习中也是一个道理。有一些孩子觉得自己的"记性不好"，"记一百次也记不住"，这正是因为对自己缺乏自信心的表现，在这种心理暗示的作用下，记忆就像是一根被堵住的水管，变得不那么灵通了。告诉自己"我的记忆力还不差"，"背下这点东西只是小菜一碟"，"我一定能记住"等，自己要学会给自己打气，你就一定会做得和你想得一样好，这便是积极心理暗示最不可思议的地方。

2. 记忆限时法

这种记忆方法有些自我强迫的意思，誓要让自己成为那个与时间赛跑的人。比如，等公车的时候，不妨暗下记下十个单词的决心；早上起床后的半个小时里，不妨规定自己要背下一篇英文小短文等等。不要小看这看似微不足道的小举动，日积月累，在学习上它将会帮助你迈出进步的一大步。

3. 记忆辅助法

记忆也像人们做事一样，要讲究分工和配合。有些孩子在记忆东西的时候觉得边写边记效果更佳，有些孩子则更喜欢边听边记。无论是他们借助了哪种辅助方式，其目的都是为了让记忆产生兴奋，刺激大脑，从而在头脑中留下深刻的印象。所以说，记忆并不是想象中的死板板，它也是存在变通的，孩子们在学习的过程中要注意记忆方法的总结，从实践中体会最适合于自己的记忆方法，从而达到高效记忆的最终结果。

4. 记忆"毅力"法

记忆天才并不都是与生俱来的，可是倘若没有天才的头脑，就一定要让自己拥有可以成为天才的精神，那便是持之以恒。列夫·托尔斯泰曾经说过"背诵是记忆力的体操"，记忆的成就也需要通过不断地加强记忆来得以实现。大脑就像是钢笔尖，越使用写起字来就会越顺畅，全新的或是放久了反而用起来会生疏，坚持下去，你的记忆力就会越来越好！

作息、饮食与记忆的内在联系

记忆力，也需要内调外养。"外"，即所应用的方法，"内"则为身体的各项机能的调节。一个人定要拥有好状态，好身体才可能全身心地投入到学习生活中。这就要求每个孩子都学会科学用脑，保证营养的补给、合理的休息、适当的运动，防止过度疲劳、情绪低落等情况的发生，这些都是提高大脑工作效率及记忆能力的关键。

1. 注意饮食

让十二种食物帮助你滋养记忆的元气：

（1）牛奶

牛奶一定要排在第一位，它几乎成了孩子餐桌上的必备品。当孩子学习很辛苦，用脑过度感到难以入睡里，不妨为其热上一杯牛奶，牛奶会帮助大脑迅速进入休息状态，让孩子在紧张中平静下来，从而拥有一夜好睡眠。

（2）鸡蛋

鸡蛋恐怕是日常生活中，我们再熟悉不过的一种食品了。科学实验证明，在蛋黄中含有丰富的卵磷脂，当它们被酶分解后，就能产生一种叫做乙酰胆碱的物质，它对保护大脑，提高记忆力都有效为明显的作用。所以，保证孩子每天吃上一个鸡蛋，记忆力自然会日日升高。

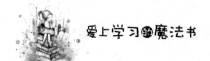

（3）鱼类

在很小的时候，我们就常能听到大人对我们说："多吃点鱼长大了才会变聪明"。实质上，这是有一定科学依据的。鱼类可以向大脑提供优质蛋白质和钙，这些物质都是大脑组成的必备品，是提高记忆能力的有效物质。所以说，"吃鱼变聪明"是千真万确的。

（4）味精

味精也可以提高我们的记忆能力吗？这还要仰仗味精中所包含的一种叫做谷氨酸钠的作用。这种物质在胃酸的作用可以转化为谷氨酸。而谷氨酸是参加人体脑代谢的唯一氨基酸，它对促进智力发育，维持和改进大脑机能具有不可替代的作用。前几年，传言说吃味精会有损记忆力，这完全是无稽之谈。常摄入一些味精，不仅不会减弱记忆能力，反而对先天智力不足及记忆力障碍具有很好的改善作用。

（5）花生

花生又被称为"长生果"。因为花生中富含卵磷脂和脑磷脂，它是神经系统所需要的重要物质，具有延缓脑功能衰退，抑制血小板凝集，防止脑血栓的形成的作用。

（6）小米

小米中含有丰富的维生素B1和B2，其蛋白质中色氨酸和蛋氨酸含量较多。平时，多给孩子吃些小米做的主食，对大脑能起到一定的保健作用。

（7）玉米

玉米中含有丰富的亚油酸等多种不饱和脂肪酸，具有保护脑血管和降血脂作用。另外，玉米中含有较高的水量谷氨酸，能够帮助促进脑细胞代谢。所以，经常吃玉米，特别是鲜玉米可以起到健脑的作用。

（8）黄花菜

黄花菜具有安神解郁的作用，但是在食用方法上一定要有所注意，黄花菜不宜生吃或单炒，以免中毒，以干品和煮熟吃为好。

（9）辣椒

辣椒属于具有刺激性的食品，它可以起到增加食欲，促进大脑血液循环的作用。

（10）菠菜

菠菜中含有丰富的维生素A、C、B_1和B_2，是脑细胞代谢最佳的供给者之一。另外，菠菜中还含有大量叶绿素，也可以起到健脑益智的作用。

（11）橘子

橘子含有大量维生素A、B_1和C，属典型的碱性食物，它可以消除大量酸性食物对神经系统造成的危害，从而达到益脑的作用。

（12）菠萝

菠萝是许多明星的偏爱之物，因为菠萝中含有大量的维生素C和微量元素锰，常吃可起到提神的作用，因而被人们称之为提高记忆力的水果。

2. 注意休息

晚上不开夜车，定时就寝。中午坚持午睡。充足的睡眠、饱满的精神是提高效率的基本要求。可是，现代中小学生往往因为学习任务重，学习竞争激烈，从而使"睡好觉"的想法难以实现。家长一面心疼孩子，一面又怕孩子的学习成绩落下，互相矛盾着。那么，到底如何休息才会使孩子的记忆能力达到高效呢？心理学家实验证明：在记忆新的事物时，每记忆30分钟后，中间休息5分钟，其效果远远超过长时间的连续记忆。各种学习活动都是由大脑皮层相应的区域主管，进行这些活动时，在大脑皮层相应的区域就有相应的兴奋点。如果兴奋点长时间在"某一区域"出现，该区域就会疲劳，具体表现在注意力分散，思维迟钝，记忆力减退等。在此时，如果能够使大脑得到适当休息，大脑皮层原来兴奋、劳碌工作的相应部位就会平静下来，以达到消除疲劳的效果。

记忆能力的强弱与时间也存在着莫大的关系，一般说来，上午9～11时，下午3～4时，晚上7～10时，为最佳记忆时间。如果孩子能够利用好这些记忆的最优点，定可以取得良好的记忆效果。

3. 注意锻炼

身体是"学习"的本钱。无论学习多忙碌也不可忽略健康的重要性。身体锻炼与脑力活动交替进行，可以使身体和大脑同时得以休息。

二、记忆的一般方法与策略

无论做什么事情都要遵从循序渐进的过程，由简到繁，由浅入深。为了便于孩子们能将记忆方法与学习快节奏且高效地结合到学习生活中，我们不妨从身边要求记忆的关键点如各学科的记忆方法等出发，全力推进学习的力度，从而达到快速提高学习成绩的目的。

学习效果关键在于记忆方法

有两个人同样是读书，读过之后，一个人有所得，有所悟，基本上可以记住书中大部分内容，而另一个人所取得的读书效果却南辕北辙，似乎什么都没有记住。这是什么原因呢？如果你的孩子也如后者一样，你要如何帮助孩子来进行改进呢？让我们先来听这样一个故事。

在古代宋朝的时候，有一个读书人，叫做陈正之。他很想让自己成为一名博学多才的人，誓要博览群书。他看起书很有特点，抓住一本就不停歇地往下看，一目十行，特别快。他读了一本又一本，花费了不少的时间和精力，可是当他想要回忆自己曾看过什么书的时候，脑子里却一片空白，几乎一点印象都没有。这使他难过透了。开始怀疑自己是脑袋有问题，记忆力太差。后来，在机缘巧合之下他认识了当时著名的学者朱熹，于是便向其请教缘由。朱熹在问清他学习过程之后，做出了如此忠告：读书不能只图快，读得快却无所得，便失去了读书的意义，只是徒劳而已。读得慢，哪怕每次只读五十字，重新读上几遍，也比不知所以然的向前赶着读要好得多。读书的时候要用脑子，想并记，这才叫真正的读书。陈正之听后，觉得非常受益。终于明白了，"记不住"的原因并不是自己的记忆力差，而是没有明确的学习目的，以读书为读书的目的，自然是方法出现了错误。草草地读下来，不得所以然，记忆的效果自然不会好了。从那以后，陈正之改变了自己的读书方法，每每读过一段都要回过头去回忆一下前段讲了些什么，有哪些地方是值得注意和背诵的，就这样日复一日，年复一年，终于成其所愿，成为一名有学识的人。这个故事告诉我们，单有学习的愿望和行动还远远不够，倘若没有切实可行的方法，所付出的很可能都只会化为一片乌有。

记忆方法之一：有意记忆法

顾名思义，知道自己要记忆的目的或目标，凭借着意志力努力去实现记忆的方法叫做有意记忆法。相反，则称之为无意记忆法。心理学研究表明，有意记忆的效果明显优于无意记忆效果。煮沸心理活动的积极性，使之达到高潮，并为了完成规定的记忆任务而全力以赴地向前挺进。制定任务要求明确、具体，越是急迫、详尽，所达到的目标就越好。比如，每天规定自己要做十道数学题，并达到理解、会做且可以举一反三的目的。只要你能够坚持下去，日积月累，你的数学成绩一定会得到质的飞跃。

记忆方法之二：理解记忆法

理解是记忆的基础，只有理解的东西才能记得牢记得久。这就好比一个人第一次接触电脑，有个人向他介绍说："这是电脑。"这个人可能只是当时记得，过后就会忘得一干二净。但是，倘若引导他玩上一会，这个人的心里就会自然地反应"这个好玩儿的东西原来就叫电脑啊"。学习知识也是这个道理，理解便是那令人忘不掉的环节。在理解的基础上进行记忆的方法被称之为理解记忆法。避免逐字逐句地强行记忆，借助已有的知识经验，充分理解所要记忆的内容，使所识新知识纳入至旧知识体系中，进而达到记忆的目的。

记忆方法之三：联想记忆法

联想，便是由眼前的一个事物扩展到与这个事物相关的各个形象的心理过程。所谓联想记忆就是将新信息联想于已知的事物。联想记忆法一般分为以下三种类型：

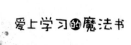

（1）接近联想法

两种或两种以上的事物，有相同或接近的点，只要引发其中一者的特征，便会忆起另一者，从而达到记忆扩展的作用。利用这种方法将所要识记的内容整理成具有一定次序的资料再去进行记忆，相对来讲就会容易得多了。

（2）相似联想法

一种事物与另一种事物有相似之处时，很容易因为其中一个事物的出现而引发出对另一个事物的联想。利用这一特征，将所要识记的内容与自己所经历过或印象深刻的事物联结起来，可以达到较好的学习效果。

（3）对比联想法

当涉及某一新事物时，往往会参照自己已经熟悉的事物，寻找两者间相似的点，进行比较，找其特性，帮助记忆。

记忆方法之四：选择记忆法

要想达到高效记忆的效果，在识记过程中就一定要分清主次，对记忆的材料加以选择和取舍。这种做法不仅可以匀出更多的时间来对重点内容进行加深记忆，还可以避免无用内容识记所引发脑疲劳现象的发生。

记忆方法之五：谐音记忆法

此种记忆方法应用比较普遍。正因为谐音记忆法具有一定的趣味性，所以很受孩子的欢迎。比如，有个孩子被要求背圆周率，要背到小数点后22位，即3.1415926535897932384626这个孩子背不出来很苦恼。后来有位老师告诉他一个诀窍，孩子便很快地背了下来。所来这个老师利用谐音，将枯燥的数字编成了一首诗，诗词为"山巅一寺一壶酒，尔乐苦煞吾，把酒吃，酒杀尔，杀不死，乐而乐"，真可称之为妙哉，绝哉，运用这个方法，你是不是也一下子就能够将圆周率一口气背到22位了呢？

记忆方法之六：口诀记忆法

这种方法是与谐音法都被称为孩子们最喜欢的记忆方法之一。将所要识记的内容编成顺口溜，即简化了材料，又增加了趣味性，不仅可以为大脑做一次实质的减负，还可以达到快速记忆的目的。双管齐下，益处颇多，又有什么理由不去接受呢？如果想让记忆成为一件快乐的事，就让口诀记忆法帮助你实现愿望吧。

语文系统体系的记忆方法

语文学习主要包括词语、句子、语法、文学常识等知识，记忆和积累是关键，可以说把握好学习语文的记忆技巧就能够赢得先机，在语文学科上取得优异的成绩。下面为中小学生提供一些切实可行的语文记忆方法，希望可以对孩子们的学习有所帮助。

1. 语文记忆方法总汇

（1）机械记忆法

机械记忆法也并不是一无是处的，对于那些互不关联的、分散的、孤立的知识点来说，机械记忆法便成了首选。语文学习更是如此，课文中的生字、生词、文学常识、语法、修辞方法等在其他记忆方法难以掌控时，常采用此种方法。

（2）理解记忆法

在语文学习中，字、词等知识的记忆都离不开理解，在学习中，一切都要以理解为基础，而后再行记忆。如："语"、"捂"、"悟"，根据声旁我们大致可以知道其读音大致与"吾"有关，读"wu"音，根据形旁我们也可以理解出其大概的意思分别是与"言"、"手"及"心"等事物有关。理解记忆法还广泛应用在对某一段具体内容上，可以从文章背景、人物心理、具体情节等角度去深入理解文章中所涉及的各方面关系，进而达到记忆的目的。

（3）联想记忆法

联想记忆法，最大的好处就是能将看似关联并不大的知识点，一穿成线，以达到记忆的目的。比如，从一首诗可以联想到它的作者、对这个作者的评价、出处、所处的朝代，以及其作者还具有的其他作品等；从一个朝代可以联想到同一朝代还有哪些知名的作家及作品，与其写作风格有哪些不同等。如若变换角度去联想，同样从一首诗入手，可以联想到本诗的文体、主题、语法、内容等。联想记忆法，就是将储存在大脑里的那些零散的信息，编成知识网

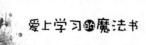

络，当我们调动其中一个知识点时，其他相关知识点就会连成线，以帮助我们加强记忆。

（4）比较记忆法

在语文学习中，比较记忆法我们会经常用到。以修辞学习为例，老师常常会将比喻、拟人及夸张做比较，将排比、对偶及反复做比较、将设问、反问做比较等，比较会让孩子们对被比较对象的区别加深记忆，以便在遇到类似题目的时候，可以做出正确的判断。

2．文言文背诵技巧

很多孩子语文成绩很好，可是一碰上"之乎者也"的文言文就不知如何是好了。特别是对于老师布置的背诵任务，更是一个脑袋两个大。实际上，文言文并不是什么天书神话，只要掌握住背诵的技巧，再去对其进行记忆就容易得多了。

（1）抄诵、听诵法

调动人体多种感官功能可以达到加强记忆的功效。对于文言文的背诵，要尽可能地要求自己做到眼、耳、口、手同用。比如，一边抄写所记忆的内容，一边读出声音，一句、一段或一篇为单位，反复进行，直至背熟为止；再如，预先将所要背诵的内容录好，再不断地进行播放，不断地听，以达到记忆的目的。

（2）词语连贯法

一般来说，文言文所叙内容会比较简洁，应抓住其关键词语来进行背诵。比如，"故天将降大任于斯人也，必先苦其心志，劳其筋骨，饿其体肤，空乏其身，行拂乱其所为，所以动心忍性。增益其所不能。"在背诵这句话时，我们会很容易地发现，其中"使动性"动词为关键，于是，背诵时要抓住"苦"、"劳"、"饿"、"空乏"，而后再去实行记忆就会相对容易得多了。

（3）辅助背诵法

利用某些起指示作用的语文标志帮助记诵。在文言文中有很多文章都习惯于运用重章叠句、反复咏唱的形式，这种形式的文章，一般都具有一个固定的模式，基本句型不变，每章只在韵脚处换了几个字，只要在背诵时抓住这个规律，在背过一章后，换上相应的字，文章就自然地背下来了。

3. 其他课文背诵技巧

在语文学习中，背诵是重头戏。除了文言文要求背诵外，还有很多要求背诵的部分。比如，描写优美的段落，名人文章等。这就需要孩子们多掌握一些背诵的技巧，以达到快速记忆的目的。

（1）快速诵读法

背诵是在朗读和默读的基础上得以实现的。在学习完一篇文章之后，记忆进入到快速地、反复地朗读、默读、熟读的过程中。实践证明，在熟读课文的基础上，实行快速阅读可以使大脑皮层形成连贯的信号刺激，从而强化记忆，提高背诵速度效果，反之，缓慢阅读则会使大脑皮层形成的信号中断，记忆难以向前推进。

（2）提纲挈领法

背诵时，可将文章的主线结构勾出一个大纲，并以此展开背诵。大纲要从作者的写作思路及行文顺序入手，由句到段，由段到篇，前勾后连，上递下接，环环紧扣，连绵不断。从而达到快速记忆、牢固记忆的日的。

（3）关联词提示法

在孩子背诵的时候，如若记忆出现了堵塞，总会要求其他人"提醒一下"。一旦有了这个"提醒"，下面的内容就会涌如泉水，一下子都想了起来。所以，关联词在背诵中的作用是不容小看的。关联词不但能体现复句关系和句群关系，而且也能体现出文章的内在联系。比如，"虽然……但是"，"而……使……则"，"因为……所以"等。

（4）图表背诵法

在语文背诵中，图表法是很值得一用的。因为图表更能直观地简化表达方式，去除繁琐，一针见血。首先将欲背诵的段落结构中的主要词语设计成表，然后，对照图表诵读若干次，当可以达到熟读程度时，则依据图表尝试背诵，则可以很快地背下所要识记内容。

语文记忆方法是否奏效，还要视孩子的个人能力及认真程度而定，家长一

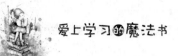

定要让孩子去坚信，无论接受时间长短，只要用心体会，就一定会收获到方法给记忆带来的甜头。

数学也要依靠记忆力

很多孩子都认为数学要靠思维，记忆力好坏无关紧要。实际上，一切基础知识的掌握都离不开记忆。倘若记忆能力差，那么无论是在思维能力上，还是在创造能力上都无法得到很好的展示，数学成绩自然不佳。许多数学知识，不仅要求理想跟得上，更重要的是记住它，那么，怎样才能提高孩子记忆数学知识的效果呢？下面介绍几种方法。

1. 形象记忆法

数学中有很多知识都可以借助图形来加强记忆。比如，我们最为常见的勾股定理便以a、b为直角边，c为斜边的直角三角形，即$a^2+b^2=c^2$；再如，计算以a为底边，h为高的三角形面积$=（1/2）×ah$。

2. 归类记忆法

将所要识记的数学知识按照性质、特征等进行归纳分类。因为同类材料存在共通点，有助于孩子记忆大量知识。比如，各类公式，可分为求和公式、求面积公式、求体积公式等。如此分类最大的好处就是可以变繁为简，使知识更具条理化，易于记忆。

3. 规律记忆法

根据事物的内在联系，寻求规律有如抽丝剥茧，会让事情变得越来越容易。识记长度单位、面积单位、体积单位的时候都可用到此种方法。比如，以a、b为边长的长方形的面积公式为$a×b$，若已知面积与a边值，b值即为面积$÷a$。掌握了这个规律，只需知道任意数，另一个数就已为已知。

4. 重复记忆

重复记忆是加深记忆的有效方法，属于复习的范畴。在运用重复记忆法时，通常使用以下三种方法：一是在书上做好所需识记内容的标志，这样可以避免"二次找寻记忆点"而带来的麻烦；二是不必借助书本，闭眼回想，想到哪里记到哪里。在脑海里将所识知识洗过一次后，查漏补缺，将空白及时补上；三是在解数学题目时，必须要用到已经储备在脑海中的旧知识，反复应用，以达到加深记忆的目的。

5. 系统记忆法

所谓系统记忆法就是按照数学知识的系统性，把知识进行恰当的比较、分类、条理化，使其成网，这样一来，记忆便从"点"过渡到"线"，以至到"面"，使所涉知识形成一个整体，在每一片相应的网内可起到牵一发而动全身的作用。

6. 联想记忆法

在学习新知识的时候，可以联想已经吸收且记忆牢固的旧知识，可以动用类比的方法来帮助记忆。如寻找新旧知识的相近点，再对新知识与旧知识的不同之处进行重点记忆，便可以达到快速记忆的目的。

7. 循环记忆法

假设一本数学书要分为十节，那么，第一节记忆重点知识，到第二节记忆时则要回过头去简单地温习一下第一节的记忆内容，以此类推。到第五节记忆完毕后再回到第一节及以后各节，以达到深刻记忆的效果。

8. 列表记忆法

不易记忆或易于与其他知识相混淆的内容要列出表格，增强其显著直观性和对比性。比如，区分质数、质因数、互质数的时候，便可采用此法帮助记忆。

9. 理解记忆法

如果将记忆罗列在对知识的理解上，那么记忆就会变得尤为深刻。数学知识的记忆更需要通过理解、掌握它的逻辑结构体系进行记忆。数学讲究逻辑性思维，它的概念、法则的建立，定理的论证，公式的推导都逃不开逻辑体系的束缚。因此，对于数学知识的记忆来讲，无论是定理、公式还是法则，都必须弄通它的来龙去脉，弄懂它们的证明过程，以便牢固记住它们。这也是在记忆之后，灵活运用数学知识的关键。

10. 口诀记忆法

将一些难记的定理或解题方法运用做口诀的方式，使其简化，以达到牢固

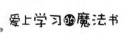
记忆的目的。

例1：圆的证明歌：圆的证明不算难，常把半径直径连；有弦可作弦心距，它定垂直平分弦；直径是圆最大弦，直圆周角立上边，它若垂直平分弦，垂径、射影响耳边；还有与圆有关角，勿忘相互有关联，圆周、圆心、弦切角，细找关系把线连。同弧圆周角相等，证题用它最多见，圆中若有弦切角，夹弧找到就好办；圆有内接四边形，对角互补记心间，外角等于内对角，四边形定内接圆；直角相对或共弦，试试加个辅助圆；若是证题打转转，四点共圆可解难；要想证明圆切线，垂直半径过外端，直线与圆有共点，证垂直来半径连，直线与圆未给点，需证半径作垂线；四边形有内切圆，对边和等是条件；如果遇到圆与圆，弄清位置很关键，两圆相切作公切，两圆相交连公弦。

例2：添加辅助线歌：辅助线，怎么添？找出规律是关键，题中若有角（平）分线，可向两边作垂线；线段垂直平分线，引向两端把线连，三角形边两中点，连接则成中位线；三角形中有中线，延长中线翻一番。

例3：函数学习口诀：正比例函数是直线，图像一定过圆点，k的正负是关键，决定直线的象限，负k经过二四限，x增大y在减，上下平移k不变，由引得到一次线，向上加b向下减，图像经过三个限，两点决定一条线，选定系数是关键。

记忆力是学好外语的依托

学好外语的关键在于记忆能力的好坏，因为若想学好一门语言，如果不能掌握足够的词汇量，势必会在听、说、读、写等诸多方面受到严重阻碍。很多孩子之所以对英语的学习产生抵触思想，绝大部分都是因为即使自己下了很多功夫去背单词，耗费了时间，用尽了精力却很难有所成效，实际上，英语学习若能采用适当的方法，无论是在缩短记忆的时间上，还是在提高记忆的质量上，都可以得到质的飞跃。

1. 改变记忆单位

死记硬背好像很早之前就已经成为了学习英语的代名词，先数字母后记单词，从左至右不变的顺序，这些我们墨守了近百年的老观念，老方法，让我们始终无法跳出机械记忆和模仿记忆的模子。其实，英语的学习应该用积极代替消极，化被动为主动，尝试将字母为记忆单位的旧思想转变为以词为单位的逻辑记忆法，从而达到强化记忆和扩展词汇量的目的。

例：传统记忆中以字母作为记忆单位，如若记忆单位"announce"定要分为以下几个步骤：（1）字母分解a-n-n-o-u-n-c-e；（2）借助于国际音标的标注正确读出announce；（3）词性为动词；（4）汉语含义为"正式宣布、发表、通告"或"广播"；（5）记忆相应的英语解释。

据心理学家进行测试的结果显示，若想使"announce"达到终身不忘的效果，则至少需要反复记忆100~150次，即使是这样，还必须保障中间要有停顿和间隔，否则一分钟重复100次，其效果实际上还是等于一次。

逻辑记忆法则是以词为单位：

如果想要记住"announce"这个单词，只需在"nounce"前加"an"即可。这种记忆方法只需记忆者记住一般单词"nounce"，就能记住高难词汇"announce"，会读"nounce"便能掌握"announce"的读音。借助一般词汇来识记高难词汇，相较于以字母为单位的记忆来讲要容易得多，一般只需重复3~5次即可。

2．结合记忆法

将难以识记的单词融入语言环境中，利用句意来达到记忆词汇的目的。结合句子来进行单词记忆的最大好处为即使是词义忘记了也没有关系，句子的存在可以帮助你找回即将遗忘的知识点。

例："torture"意为"拷打、折磨"。我们便可以将它编进句子中，如："Without laughter life is a kind of torture."意为"没有笑声的生活是一种酷刑。"有了句子做铺垫，所识单词的意思呼之欲出。

通过这种方法来掌握词汇，不仅仅可以使生难词记得更牢，同时对熟悉其词性、语法和搭配等方面，都会取得比较好的效果，不妨一试。

3．同类记忆法

同类记忆法需将同类词汇收集在一起，同时进行识记。

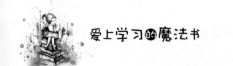

例："bachelor"学士、"master"硕士、"doctor"博士，都表示学位授予的情况，但是级别却有所不同，那么这三个词即为同类词，可放在一起进行识记。这种方法的最大好处是只要遇到同类词汇中的一个，另外的、有所涉及的词汇就会自动检索到大脑信息，自动浮上记忆，从而使记忆的效率得以提高。

4. 比较记忆法

比较记忆法就是将同义词或形似词放在一起进行识记，在记忆的过程中要做好区分，以防在今后的学习中因词汇意义解释不清而造成混淆场面的发生。比较记忆法的记忆性点为，记忆的过程以组、对的形式同时进行记忆。在不断地比较中掌握其区别和具体用法。

例："confess"与"admit"，两者皆有"承认"的意思，只是前者还含有"坦白、忏悔"之意，而后者则没有这层意思。但后者除含有"承认"的意思外，还含有"允许，接纳"的意思，而这一点是前者所不具备的。

5. 构词法记忆法

英语学习中主要有三种构词方法：

（1）转化法：通常指词类的转化。

例：love（v）爱–lovely（adj）可爱；water（n）水–wate（v）浇水等。

（2）派生法：通过加前缀或后缀构成另一个词。

例："happy"，加前缀后为"unhappy"；加后缀后为"happiness"。

（3）合成法：由两个或两个以上的词汇合成一个新词。

例："pencil"意为"铅笔"；"box"意为"盒子"，两者合并"pencilbox"意为文具盒。

"wood"意为"木"；"cut"意为"刻"，两者合并"woodcut"意为木刻。

物理知识记忆的新思路

无论是文科的学习还是理科的学习都离不开记忆。我们常讲学习不可偷懒，如若今天欠下学习的账，那么，明天就一定会吃学习的亏。由此可见，知识"减量"是行不通的，唯有将高效学习倾注到方法上才是正途，而知识的记忆则是其中的重中之重。谁掌握了切实可行的新方法，谁就会最终成为学科成绩的领跑者。著名的教育家霍姆林斯说："物理学是记忆和保持最困难的学科之一"，遵循记忆规律，寻找最有效的记忆方法已然成为攻克物理学习薄弱点的关键。

1. 启发学习物理的兴趣

老生常谈，兴趣是学习动机的第一生产力，兴趣越浓，欲望越强烈，记忆效率则越高；反之，则对学习提不起丝毫兴趣，记忆力就会受到明显的压抑。所以，毋庸置疑，兴趣是学习的必要保障。

2. 概括记忆法

概括是指由个体到总体相似点或重点的认识方法。其基本特点为由特定的、较小范围的认识扩展到更普遍性的、较大范围的认识。概括一般分为两种形式，一种是初级形式的，只是对两者或两者以上进行相似特征概括；另一种则是高级形式的，其得出的结果往往被称之为概念或定理。在物理的学习中，自我记忆一般应用前者较多，即根据事物的外部特征对不同事物进行比较，记住它们的相通点，使繁琐的记忆材料变简，从而达到高效记忆的目的。

3. 因果分析记忆法

物理学中有许多物理量是通过比值来定义的。比如，$I=U/R$、$E=F/q$等。分清因果关系是关键，此类公式中任何一个对象的"因"发生了变化，都可能导致结果的变化。所以，学习者定要在理解公式意义的基础上，做以分析，以保障所识记内容的准确性。

4. 归纳记忆法

归纳方法是经典物理研究及其理论建构中的一种重要方法。其任务主要有二：一是以认识物理规律为基础，充分理解事物和其现象的因与果；二是透过现象看本质，将一定的物理事实（现象、过程）归入某个范畴，并找到支配的规律性。

例：单位时间通过的路程叫速度；单位时间里做功的多少叫功率；单位体积的某种物质的质量叫密度；单位面积的压力叫压强等，即可归入到"单位—

的—叫"类型。

通过这种方法，将所要进行识记的材料分门别类，再进行识记，就会高效得多。

5. 比较记忆法

惯性与惯性定律、像与影、蒸发与沸腾、压力与压强、串联与并联等，比较区别与联系，找出异同点。

6. 实践记忆法

在实际动手操作中，加强记忆。

例：制作测力计，帮助孩子记在弹簧的伸长与外力成正比的知识等。

化学成绩拔尖的诀窍

如果你认为数学、物理等理科学习"记忆"的用处还不算广泛的话，那么相对于他们来讲，化学便是名副其实的"记忆应用大王"了。无论是化学元素，还是化学方程式，都离不开记忆的辅助。可以毫不夸张地讲，谁拥有好的记忆方法并掌握了它，谁就占住了学习化学的先机。

1. 化学记忆的基本原则

（1）增强信心，锻炼记忆

记忆力的强弱虽然与先天因素有关，但是更重要的还是要依靠环境的影响及个人的努力。所以，孩子要学会给自己不断地打气，坚定信念，加大奔向锁定目标的动力，其记忆力也会随之有所增加。

（2）学会理解，融会贯通

学习就要思考，思考了才会对学习对象产生疑惑，而后，解开了疑惑便记住了，不忘了。

（3）利用联想，提高记忆

联想就有如人脑中的水闸，很多知识点在人脑中都有千丝万缕的联系。在化学学习中，将现实对象之间多种的关系和联系形成多种联想是关键。

例：酸酐的记忆方法：只需掌握含氧酸的知识规律即可，其规律为"对于一种含氧酸，它失去所含的水分子剩余的那部分就是该酸的酸酐，对于直接不能失去水分子的酸，可以扩大该酸中各元素的倍数，然后再失去水分子，所剩余的部分便是该酸的酸酐"，如此一来就免去了记住多种酸的酸酐的过程，只需联想到"含氧酸失水"的规律，就自然会在脑海中浮现好多种酸的酸酐。

（4）浓缩知识，择要记忆

为了便于记忆，我们往往采用将知识总量删繁就简，筛沙淘金，提取大纲的方法。

例：化学平衡概念：可概括为"动"（化学平衡是动态平衡，正反应和逆反应仍在进行）、"等"（正反应速度和逆反应速度相等）、"定"（反应条件一定，各组分百分含量一定）、"变"（当外界条件发生变化时，化学平衡就被破坏了，此时正、逆反应速度不相等，各组分百分含量也发生变化，直到在新的外界条件不变时，又建立一个新平衡）。

（5）不断运用，巩固记忆

每一次对所学知识用脑的过程都是一次强化正确回忆，纠正错误回忆的过程。继而使知识内容，从生到熟，从会遗忘到终生不忘。这一切都应该归根于"不断使用"的功劳。就像苏霍姆林斯基说过的那样，"知识不应变成不能活动的货物，积累知识不能视为就是为了储备，而要进入周转，加以运用，才能巩固，才有效能。"

2. 化学方程式的记忆方法

（1）化学方程式的书写要领：左写反应物，右边写生成；写对化学式，系数来配平；中间连等号，条件要注明；生成沉淀气，箭头来标清。

（2）化学方程式的"声色"记忆：

例："硫在氧气中燃烧"，燃硫入氧，燃烧变旺；火焰蓝紫，美丽漂亮；产生气体，可真够"呛"；红磷燃烧，可真热闹；浓烟滚滚，亮似"灯泡"。

（3）化学方程式的归类记忆：根据知识系列或反应类型或物质类别记忆，使零散的知识通过归纳成有规律可循，以重点物质为中心的知识网络。

3. 比喻记忆法

即通过比喻的方法，使原本抽象的事物具体化、简单化、熟悉化。

例：一氧化碳还原氧化铜的实验步骤中将一氧化碳气体通入和撤出比喻为"早出，晚归"，将酒精灯的点燃和熄灭比喻为"迟到，早退"。

4. 谐音记忆法

谐音记忆好比将所需识记材料穿上了五颜六色的衣服，让它们更为明显，给大脑留下更为深刻的印象。

例1：元素周期表的记忆：1—20号元素，"氢氦锂铍硼，碳氮氧氟氖，钠镁铝硅磷，硫氯氩钾钙"，谐音为"青海狸皮捧炭，蛋养弗奶。拉美旅归，林柳路呀"。自解为"青海用狐狸皮捧木炭，由蛋养出来的动物就不用喂奶。拉美旅行回来，树林中柳树夹道风景多么好呀"

例2：地壳中所含元素质量分数由多到少排列："氧硅铝铁钙，钠钾镁"，谐间为"养龟铝铁盖，哪家没青（菜）"。

例3：金属活动性顺序："钾钙钠镁铝锌铁锡铅（氢）铜汞银铂金"，谐音为"假（乞）丐拉美旅，心铁喜牵轻，统共一百斤"。

5. 口诀记忆法

化学记忆离不开口诀，它可以将零而杂的识记内容一网打尽，避免由于记忆不牢而造成的遗项、漏项现象的发生。

例1：碱盐类溶解性表：钾、钠铵盐硝酸盐，都能溶于水中间。盐酸盐中银亚汞，硫酸盐中难溶是钡铅。碳磷酸根硫化物，溶者只有钾钠铵。碱者多不溶，溶者只有钾钠钙钡铵。

例2：常见元素的主要化合价口诀：氟氯溴碘负一价；正一氢银与钾钠。氧的负二先记清；正二镁钙钡和锌。正三是铝正四硅；下面再把变价归。全部金属是正价；一二铜来二三铁。锰正二四与六七；碳的二四要牢记。非金属负主正不齐；氯的负一正一五七。氮磷负三与正五；不同磷三氮二四。硫有负二正四六；边记边用就会熟。

例3：常见根价口诀：一价铵根硝酸根；氢卤酸根氢氧根。高锰酸根氯酸根；高氯酸根醋酸根。二价硫根碳酸根；氢硫酸根锰酸根。暂记铵根为正价；负三有个磷酸根。

例4：制氧气口诀：二氧化锰氯酸钾；混合均匀把热加。制氧装置有特点；底高口低略倾斜。

例5：集气口诀：与水作用排气法；根据密度定上下。不溶微溶排水法；所得气体纯度大。

例6：电解水口诀：正氧体小能助燃；负氢体大能燃烧。

例7：氢气还原氧化铜的步骤口诀：先通氢，后点灯，操作顺序要记清；黑色变红把灯撤，试管冷却再停氢；先点后通要爆炸，先停后撤要氧化。

例8：液体试剂取用口诀：取液手不抖，标签对虎口，顺壁往下滑，眼把量来瞅。

例9：金属活动性顺序表：

初中版：钾钙钠镁铝、锌铁锡铅氢、铜汞银铂金。

高中版：钾钙钠镁铝锰锌、铬铁镍、锡铅氢；铜汞银铂金。

6. 值得注意

俗话说"拳不离手，曲不离口"，再多的记忆方法充其量也只能算是一名"向导"，真正实行时还是要靠孩子自己的努力。学习，没有人可以代替，知识也没有人可以从你的脑子里夺出。记住，学会了都是自己的，这是真理。

历史的串烧记忆法

"我总是弄不清年代"、"谁是谁爹，谁是谁儿子，辈分的事儿记不住啊"、"历史要怎么记啊"，在学习历史的时候，你的孩子被类似的问题所困扰过吗？历史就像"大锅菜"，很难分清混在其中的哪一种是主菜，哪一种是配菜。正因为几乎所有知识点都占有分量，便使得历史知识变得繁而杂，很难让人理出头绪，使记忆量增大。难道历史的记忆就真的无"法"可依吗？历史学习就注定要被戴上"沉重"的帽子吗？下面就为大家介绍几种让历史记忆变轻松的方法。

1. 顺序记忆法

历史，自然是离不开时间背景的，以时间为主线进行记忆是在历史学科中最常见的方法之一。

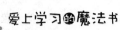

例：美国独立战争的过程：1775年，来克星顿的枪声，第一次大陆会议召开；1776年，第二次大陆会议召开，发表了《独立宣言》，宣告美利坚合众国成立；1777年，萨拉托加大捷；1778年，战争中心南移；1781年，英军总司令康华利把宝剑呈给华盛顿；1783年，英国承认美利坚合众国独立。

2. 规律记忆法

寻求内在规律，以达到记一得二三的目的。

例：世界史上六大帝国衰落的原因相同：人民起义；各地封建主（或奴隶主，包括被征服的各族）形成割据趋势，力求摆脱中央控制；统治阶级的内讧；外族或外国的入侵。

除此之外，对于那些知识点大体相同，个别处有所不同的识记内容，就要在记住共通点的同时，再通过对比的方法，将不同点加以区分，细致记忆。

3. 归纳记忆法

时间不同，但是属于同类的事件可进行归纳。

例：1945年发生的重要事件有：苏、美、英雅尔塔会议，中国共产党"七大"召开，德国签署无条件投降书，苏、美、英波茨坦会议，日本宣布无条件投降，上党、邯郸战役，联合国成立，台湾回归祖国。

4. 口诀记忆法

对于中小学生来说，他们最愿意接受的记忆方式当属口诀记忆法了。我们可以将历史事件编成顺口溜帮助孩子来进行记忆。

例1：清朝皇帝的顺序：努皇顺（努尔哈赤、皇太极、顺治帝）；康雍乾（康熙、雍正、乾隆）；嘉道咸（嘉庆、道光、咸丰）；同光宣（同治、光绪、宣统）。

例2：朝代的顺序：三皇五帝夏商周，春战秦汉三国休，两晋南北隋唐继，五代宋元明清民。

5. 讲解记忆法

历史，是由一个又一个生动的故事而组成的，它最大的特点便是充满趣味性，如若由家长将历史当成故事讲给孩子听，那么其效果要比孩子独自一人去记忆要高效得多。这种方法不仅可以加深孩子的记忆，还会激发出孩子学习历史的热情，可谓是不可多得的好方法之一。

生物学习的记忆方法

生物与我们每个人都息息相关，学好生物不仅仅是为了在学习成绩上拔得头筹，也是为了了解自己，更加亲近自然界。在学习生物知识中，首先要抱有浓厚的兴趣，而后选择合适于自己的记忆方法，兴趣引导学习，方法给予动力，变难学为巧学，变低率为高效，随之而行，生物成绩必然会得以提高。

1. 简记法

在读懂教材的基础上，对所识记的内容进行概括。如若识记内容较多，可将其概括成几个重点字或重点词来进行记忆。

例1：叶绿体色素带：按从上到下的次序可简记为"胡叶ab"，"胡"为胡萝卜素；"叶"为叶黄素；"a"为叶绿素a；"b"为叶绿素b。

例2：细胞有丝分裂：各时期主要特点可简记为一次复制（指间期染色体复制）、两现两消（指前期出现纺锤体、染色体、核膜解体、核仁消失）、一板两清（指中期着丝点在赤道板上，纺锤体清晰可见、染色体数目清晰）、一分为二（指后期着丝点一分为二、染色单体变成染色体）、两消两现（指末期纺锤体、染色体消失，核仁、核膜重新出现）。

2. 谐音记忆法

谐音记忆法应用较广，同样适用于生物学科的学习。主要用在一些似无规律可循，不易记的知识点。

例1：植物必需7种元素：Fe、Mn、B、Zn、Cu、Mo、C1，可按谐音编成一句粤语较易理解的话：烂铜（Cu）烂铁（Fe）的新（锌）朋（硼）友猛（锰）过绿（氯的谐音）木（钼）。谐音解释的意为"破铜破铁的新朋友都比绿色的木头好"。

例2：植物胚的组成：子叶、胚芽、胚轴、胚根，按谐音可编成"叶"（子叶）压（"芽"的谐音，指胚芽）住（"轴"的谐音，指胚轴）根（胚根），谐音组合为"叶压住根"。

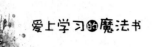

这种方法是不是让你记不下来的识记点一下子就牢牢地记在心间了呢?

3. 观点记忆法

万变不离其宗,生物学科的学习也同样适用于此道理。理应遵循以下六个主要观点:生命的物质性观点、结构与功能相统一的观点、生物体局部与整体相统一的观点、生命活动对立统一的观点、生物进化的观点、生物与环境相统一的观点。

例:结构与功能相统一的观点:植物的根尖细胞通常无叶绿体,因为根尖细胞在土壤中很难得到阳光的照射,因此无法进行光合作用,叶绿体自然不会产生;唾液腺细胞比肌细胞含有较多的高尔基体,这是因为该细胞器与分泌物的形成有关。

4. 排除记忆法

所识记内容较多时,不必全部识记,只需记住其中一些特例,其余各内容遵循一般规律。这样就会使识记内容的量大大减少,从而可以实现轻松记忆的目的。

例1:矿质元素的概念:除C、H、O以外其余的元素都是矿质元素。

例2:同源染色体的细胞种类:除减Ⅱ分裂时期及该时期以后形成的细胞(减Ⅰ分裂末期同源染色体分别进入两个细胞,故次级精(卵)母细胞,极体、精子、卵细胞都没有同源染色体),其余的细胞一般都有同源染色体。

例3:二倍体植物各部分结构的细胞中染色体的数目,除了精子(1N)、卵细胞(1N)、极核(2个,共2N)、受精极核及其发育而成的胚乳细胞(3N)之外。其余细胞(如子房壁细胞)包含较多。

5. 形象记忆法

回归"象形文字时代",使所要识记的内容形象化、直观化,使记忆变得更为深刻。

例:U(像尿桶);脲嘧啶C(像半圆包过来)胞嘧啶;A(像线飘起来)腺嘌呤;T(像胸前的十字架)胸腺嘧啶。

6. 图形记忆法

借助图形来进行识记。无论是结构图、示意图还是流程图都能达到直观、简明的特点。一般来说，图形记忆要比文字记忆更易于被大脑所接受且印象深刻。

7. 口诀记忆法

以生动有趣示人，如若记住了，便很难遗忘。

例1：判断遗传病的显性或隐性关系：无中生有为隐性，有中生无为显性。"有""无"分别为有病、没病；"隐性"为隐性遗传病；"显性"为显性遗传病。

例2：大量元素：他（C）请（H）杨（O）丹（N）留（S）人（P）盖（Ca）美（Mg）家（K）；微量元素：铁（Fe）棚（B）铜（Cu）门（Mn）新（Zn）驴（Cl）木（Mo）碾（Ni）。

例3：叶绿体色素分离带：胡黄ab向前走；橙黄蓝黄颜色留；叶绿素ab手拉手；叶黄素儿最纤细；叶绿素a最宽厚。其解释为叶绿体中色素的分离带，从上到下分别为胡萝卜素、叶黄素、叶绿素a和叶绿素b；它们的颜色分别为橙黄色、黄色、蓝绿色、黄绿色；叶绿素ab挨得很近；叶黄素含量最小，色素带最细；叶绿素a含量最多，色素带最宽。

例4：食物的消化与吸收：淀粉消化始口腔，唾液肠胰葡萄糖；蛋白消化从胃始，胃胰肠液变氨基；脂肪消化在小肠，胆汁乳化先帮忙，颗粒混进胰和肠，化成甘油脂肪酸；口腔食道不吸收，胃吸酒水是少量，小肠吸收六营养，水无维生进大肠。

例5：显微镜的操作程序：一取二放，三安装；四转低倍，五对光；六上玻片，七下降；八升镜筒，细观赏；看完低倍，转高倍；九退整理，后归箱。

记忆法让地理再无难题

翻开地理课本，遍是山川、大河、湖泊……即使是最不爱学习地理的孩子，一般来讲，其本身对地理课本是并不厌烦的。之所以会认为地理难学，只不过是记忆没有到位，做起地理题来不得心，不应手，久而久之，失去了信心，便将它弃而不学。实际上，地理学习很容易，只要领悟到核心技巧，实现满分也绝非难事。

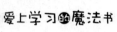

1. 字头记忆法

在同类别的地理知识中，分别提取字头，再将其编成词语或句子进行记忆。

例：四大洋的记忆：北冰洋、印度洋、太平洋、大西洋。取字头则为"北、印、太、大"，可以译为"北印度太大了"。

2. 综合法

识记地理特点时，很多时候都要结合其他相关各要素的特征及各部分之间的联系。

例：物产资源丰富的国家，有哪些得天独厚的条件等。

3. 应用地图识记法

地理学习离不开地图，而对于与地理位置相关的识记内容，如果用地图来作为辅助工具，则会大大提高记忆的效果。可以自己画地图，将所要识记的地方不做标志，不写地名，当孩子进行过初步识记后，责令他离开课本，通过看图、填图、用图的方式来记忆地理知识，这种记忆方法可以使记忆更为深刻，效果更佳。

4. 谐音记忆法

把枯燥的数据换成有趣的文字加以记忆。

5. 简化地图法

所谓简化地图法，就是根据学习的需要，将地图作简化处理，保留自己需要识记的地方，删去大量暂时无需理会的图例，突出重点，有利于记忆的深化。

6．归类记忆法

归类记忆法也同样适用于地理学科的学习。这种方法可以让本无条理而言的知识点建立起一个可以让记忆着陆的平台，使记忆变成一件容易的事。

例：大洲：亚洲、欧洲、大洋洲、北美洲、南美洲等；首都：北京、纽约、巴黎、东京、首尔等。

7．比较记忆法

比较记忆法应用于同类地理事物或具有相似特点的地理事物进行比较。在地理学习中，用列表的方式来进行比较适用且有效。

例：各大洲间进行比较，就可按其海拔、地形起伏、地形种类等列出图表，进行记忆。

让政治知识"活"起来

政治几乎是"枯燥"的代名词，它既没有语文的趣味性，也没有数学的灵活性。较强的理论性思想增添了政治淡而无味的基调。怎样让政治知识的学习"活"起来，让条条框框的理论记忆变得轻松容易呢？下面介绍几种政治学习记忆的方法，不妨让孩子试上一试。

1. 图示记忆法

图示记忆最大的好处就是形象性强。相对于文字记忆来讲，其效果要好得多。如果有一种方法可以将抽象的概念原理或事物的本质特征用象征性的图形表示出来，识记内容自然就会变得直观明了，记忆也就不会成为难事了。图示一般分为直观图和逻辑关系图两种，设计方式如下：

（1）直观图示：选择易于用图形来加以表示的识记内容；抓住例子与概念、原理的相似点设计图形；最后再组织文字，对图形加以说明。

（2）逻辑关系图示：所设计的图示要具有准确性，一定要能够真实地体现出所要识记的内容；应保持直观、形象性，否则将失去制作图示的意义；要以易于记忆为目的，简明扼要。

2. 列表记忆法

政治的记忆绝不是"死记硬背"的专业户，也要讲究方法和技巧。如遇到所识记内容彼此间为同类或相似，便可以通过列表的形式对相关内容进行对比或对照，从而使记忆的特点变得清晰，一目了然。

（1）列表形式：最常用的为一览表、说明表、系统表、比较表、统计表等。

（2）列表方法：根据记忆的需要对所识记的内容进行分类；抓住所识记内容的主要特征、特点，比较不同内容的不同点；按不同类型表格的规格和形式编制表格；按照表格内的基础上，逐一把材料的主要内容填到表中。

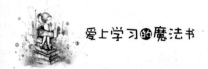

3. 概括记忆法

此种记忆法是将所要识记内容进行浓缩和提炼，只记"精华"的记忆方法。其运用方法为：

（1）用语缩略：如遇到较长的词语、名称或概念，则应予以简化和省略。如"中国共产党"可缩略为"中共"。

（2）内容缩略：找出关键词，并以此为中介，其特点为"借点体现全面"，即只要先记住了关键词就可以背出较为完整的内容。

（3）重点提示：将所识记内容进行综合归纳，标出重点，为大脑建立记忆的"提醒站"。例："马列主义"、"双百方针"等。还可将其概括成为公式，例："上层建筑－经济"等。通过这些概括方法将原本内容较复杂、较为系统且难懂的知识简单化，方便记忆。

4. 规律记忆法

寻找所识记内容中存在的内在规律，通过其必然的联系加以记忆。规律具有普遍性和重复性的特点，只要体验到这一共性，便可举一反三，落实到个体，从而实现轻松记忆。

运用规律记忆有两方面值得注意：

（1）明确所识记内容间的联系点，并具有较强的归纳及概括能力，可以在大量纷繁复杂的材料中抽象出关键点，进而得出统一的定理、法则和公式。

（2）运用规律记忆法也具有一定的要求，适合于在同等条件下，反复以同一模式出现的内容，而不适合于个体出现或在特殊条件下才偶然出现的内容。

5. 大纲记忆法

大纲记忆法和图示记忆法存在相似之处，都具有较强的直观性、概括性和条理性。与图示记忆法不同的是，大纲记忆法是以文字的形式出现，其本身就是所识记内容的主要脉络且层次分明。大纲记忆法的运用方法为以下几步：

（1）对所识记材料进行分析，以内容的提要和目录为出发点，了解章或节之音的关系，以及背景和发表目的，掌握内容脉络。

（2）对所识记材料进行概括，分清段落，弄明大意，概括主题，抓住重点。

（3）概括表述，汇成提纲。

编写大纲时的几点注意：

（1）根据所识记材料的分量，决定是否编写大纲。倘若全部内容只有二百字左右，那么如果还坚持动用"大纲法"反而使简变繁，失去了意义。

（2）分清主次，主为"纲"，次为略。

（3）温故知新，及时复习。要多看，多读才可记牢。

6．趣味记忆法

再次强调，兴趣是记忆的最佳伴侣，对所识记内容的直接兴趣是推动有效记忆的内在动力。这是因为，当人们专注于自己所喜爱的识记内容时，大脑就会在不知不觉中进入到高度兴奋中，一般不容易出来疲劳和思想溜号等状态，记忆力必然会得以加强。

趣味记忆法主要有几种应用途径：

（1）可以将所识记内容编成故事，使其具有吸引力。

（2）让无趣学习化为有趣学习，要杜绝"不喜欢"、"不想做"的思想，找到兴趣的突破点。

（3）用诱导的方法调动兴趣，并以适当的进度维持兴趣。

7．联想记忆法

在前几节其他科目的学习中，都有提到过联想记忆法。此法之所以可以广泛应用于多种科目是因为客观事物或知识内容都具有互联性。其作用在这里就不再赘述，在注意事项上提出以下两点要求：

（1）要为联想记忆法的开展选好通道，这是记忆的关键。

（2）要注意知识的积累，知识趣丰富，思想就越宽、越广，较容易产生联想，继而带动理解及记忆能力的提高。

8．理解记忆法

理解记忆法的应用是建立在对所识记内容理解基础之上的，要求做到以下几点：

（1）对所识记内容进行分析，弄懂、弄明白知识点，抓住关键。

（2）将所学知识付诸实践，在动用中重复记忆，使理解不断加深。

（3）在欲进行记忆时，对自己提出先理解后记忆的要求。

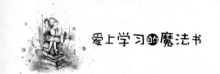

三、抗遗忘的记忆策略

有很多孩子会发现，明明自己已经在前几天可以将记下的东西全部都背下来，可是转眼在几天后的今天却只记得只言片语了。对于这种情况，我们一定要有所警觉，要确保孩子记下的东西是高效的。所以，"抗遗忘"便成了记忆过程中一项不可缺少的过程。别把学习当小事，"记下来"仅仅是初涉新知识第一步，"记得牢"才是扎实掌握知识点的关键。

神奇的"艾滨浩斯记忆遗忘曲线"

明明当时记住了，可是为什么转眼间就只能回忆起只言片语，难道我的记忆力出现问题了吗？别害怕，遗忘只不过是人体正常的生理现象之一，它与记忆的关系是对立而统一的，若想得到永久的记忆，就一定要不断地与遗忘作"斗争"，在反复记忆中得以生存，直至永存。德国心理学家艾滨浩斯（H.Ebbinghaus）研究发现，遗忘在学习之后立即开始，而且遗忘的进程并不是均匀的。最初遗忘速度很快，以后逐渐缓慢。他认为"保持和遗忘是时间的函数"，并根据他的实验结果绘成描述遗忘进程的曲线，即著名的艾滨浩斯记忆遗忘曲线。

1. "艾滨浩斯记忆遗忘曲线"的诞生

艾滨浩斯遗忘曲线，是以竖轴为学习中应记住的知识数量，横轴表示时间，即天数，曲线表示记忆量变化的规律。艾滨浩斯将自己作为实验对象，选用了一些不具有意义的音节，也就是那些不能拼出单词来的众多字母的组合，比如："fslfj"、"wpaf"、"hgaw"等。最后得出一些数据，然后，根据这些点描绘出了一条曲线，这便是著名的艾滨浩斯记忆遗忘曲线。

2. "艾滨浩斯记忆遗忘曲线"的存在

专门研究记忆的心理学家艾滨浩斯通过实验证明了遗忘曲线的存在，实验要求被实验者熟记13个无意义的音节，一小时后进行测试，即被遗忘掉了7个；两天后又遗忘了不到1个；六天后，虽然遗忘还在进行，但是速度更慢了，只会遗忘不到半个。实验结果告诉我们，当记忆过程一结束，遗忘就开始了，其速度是先快后慢。在记忆刚结束的初期，记住的东西会遗忘很多，而随着时间的加长，则遗忘的东西越少。遗忘也是有其规律存在的，而记忆的规律就是由遗忘的规律所决定的。

3. 抗遗忘的基本策略

记忆的保持在时间上是不同的，分为短时记忆和长时记忆两种。所谓短时记忆，即对所识记内容进行初识，在经过其特别注意之后，在大脑里有的初步印象。而长时记忆的形成是在短时记忆的基础之上。短时记忆如果不经过及时复习，便很容易被遗忘。但如果对这些短时记忆进行及时的复习那么这些短时的记忆就会成为了人的一种长时的记忆，从而在大脑中保持着很长的时间。由此看来，及时对所记忆新知识进行复习是抵抗遗忘发生最有效的措施。

如何降低知识的遗忘率

遗忘率既然不能避免，我们就要想出应对的实用方法。人脑的记忆功能相差并不大，之所以有记忆力的好坏之分，主要是因为每个人对大脑应用的记忆规律和方法不同。所以，只要有好的方法，再加上自己的努力，就定然会摆脱"记性差"的标签，战胜遗忘！

1. 理解与记忆相结合

在针对各学科的学习中，我们就已经强调了理解的重要性。将所要识记的内容吃透，在理论基础之上展开记忆就会容易得多。比如，背上一段课文，如果先弄清文章的情节，捋清来龙去脉，弄懂其主旨后，再进行细致记忆就会比

"拿来就背"的效果要好得多，而且记住便不易被忘记。

2. 抽象记忆同形象记忆相结合

识记要讲究方法，每天被埋在去背、去记的苦海中，学习就很难会再保持好的心情。所以，在学习中，要不断地寻求可以帮助我们轻松获得记忆的方法。面对识记内容，可以将无形的想象成有形的，有形的也可以被夸张成天马行空，只要益于记忆，便放开胆子去想象。让景融入其中，使记忆变得简单且充满趣味。

3. 识记方法要同理解记忆相结合

所运用的一切方法都是为"记住"而服务的。所以，采用的识记方法亦要跟上理解的步伐。不要为了方法而使用方法，要时刻清楚地认识到自己所要达成的真正目标，做到方法为理解做基础，理解为记忆做铺垫的学习模式。

第七章

学习减压

别把自己累趴下

英国作家斯蒂文生曾经说过："生活在现代文明的人，大都是在心灵上戴着沉重的枷锁。他们的微笑有时是含泪的，他们的刚强有时是伪装的，他们把一切风光外现给他人看，所包装和掩饰的往往是一颗脆弱的心。"对于现在的孩子来讲，来自学业、就业等方面压力早已使"少年不知愁滋味"的时代一去不复返，正值青春发育期的孩子们往往心中都存在着几分大人不解的"惆怅"。帮助他们正确地应对压力，放下不断加压的"教鞭"，茁壮成长，健康先行。

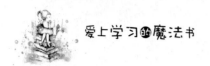

一、激发学习状态，做好自我调试

在成长的过程中，无论经历过多少次失败，只要取得了最后的胜利，你就是生活的赢家。中小学生应该有意识地培养自己应对学习压力的能力，当出现对学习失去信心、对家长说教反感、心情无比烦躁压抑时，要学会及时地进行自我调节。正确地认识自己，以最好的状态完成"现实自我"向"理想自我"的完美转身。

识别压力与焦虑的"红绿灯"

人作为独立的个体生活在社会中，就必须使自己具备缓解压力的能力。"少年不知愁滋味"的时代已经一去不复返，学业以及将来所面临的就业压力，都是现在尚处在青春期的中小学生早晚都要去独自承担的问题。家长要具有高瞻远瞩的思想，从现在就应该开始注意培养孩子的抗压能力，教会他们以健康向上地心态去面对学习生活中的焦虑与不安。让孩子懂得每一次考试都是生活中的一种挑战，唯有勇敢的人才能够成为最后的胜利者。

1. 压力与焦虑产生的原因

在学习生活中的考试焦虑是在最常见的一种以担心、紧张或忧虑为特点的复杂而延续的情绪状态。平时的小考试或小测验，焦虑情绪一般不太明显，但是，一旦孩子意识到某场考试对自己具有某种潜在威胁或重要意义时，焦虑就会不受控制地一跃而出。而学习压力往往是与考试焦虑结伴而行的，所谓压力是个人面对具有威胁性的刺激情境，一时无法消除威胁、脱离困境时的一种被压迫的感受。中小学生的压力从较广的视角来看，一般产自于过重的学习任务、家长过高的期望、自身对美好前途的强烈渴望等；从近处的视角来看，考试便是孩子产生压力的最大原因。

2．压力与焦虑的具体表现

（1）情绪易激动，一点点小事都可能引发他们大发雷霆。

（2）不由自主地表现出慌张的情绪，有时还会伴有头晕、手足发冷、心跳加快、肌肉紧张等症状。

（3）感知系统出现障碍，如，视听困难：在听别人讲话时只能看见对方的嘴在动，声音却仿佛瞬间凝结。再如，感受性降低，在考试中常常将答题要求看错、理解错等。

3．应对压力与焦虑的有效策略

（1）提高自信心

产生不当的学习压力与考试焦虑的一个重要因素是自信心不足，对自己的评价过于消极。面对这种情况，家长就要先想办法消除孩子心中的业障，扭转消极的自我意识所带来的不正当的学习压力和考试焦虑。心平气和地跟孩子做一次沟通，让孩子静下心来思考一下自己的不当情绪从何而来，为什么会来。如果孩子不想开口对你说，不妨让他默默地将想法写在纸上，以便让你了解孩子是如何"看扁"自己的；让孩子正视自己，别总觉得别人都复习得很好了，自己却还一点没复习，也别总觉得别人都比自己学得好，要让孩子将盯在别人身上的眼睛回归到自己身上，只要做好自己，就一定会取得较为满意的成绩。

（2）自我放松

当发现孩子出现压力和焦虑情绪时，要教会孩子自我放松的方法。人的情绪就像是一根具有一定弹性的橡皮筋，一松一弛才会用得久远，如果一直保持在紧绷状态，那么就离心理崩溃不会太远了。放松的方法有很多种，可以通过交替收缩或放松自己的肌肉群，体验每块肌肉的紧张松弛，最终达到整个身体肌肉都松弛，彻底缓解紧张的状态。

放松训练，如，在焦虑不安的时候，可以让自己坐下来，握紧拳头，并绷紧胳膊，体验上肢的紧张感觉，然后忽然把拳头放开，体会手臂的沉重、无

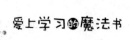

力、放松。反复做几次，你身体的放松会带来精神的放松，除此之外，慢跑、游泳等也是不错的放松方式。

（3）保证睡眠

现在的中小学生，熬夜学习已经是家常便饭，为了争取更多的复习时间，他们常常会选择占用睡眠时间。实际上，这原本就是一场赔本买卖。睡眠可以消除疲劳，防止大脑因活动过度而产生抑制，而且可以为新陈代谢补充营养，使人集中注意力，增加记忆效率，思维反应敏捷，想象力丰富。而长时间持续地疲劳作战不仅会使学习效率降低还很可能会引发焦虑情绪，导致考试失败。因此，家长要特别注意孩子的睡眠问题，不要觉得学习是靠学习时间的多少来决定的，学习效率才是决定学习成绩好坏的关键。

（4）营造环境

每逢考前，学校的学习氛围肯定会较平时相比更加的压抑及紧张，如果孩子紧绷了一天的神经回到家里，家长仍然对其施以高压教育的话，就很可能会引发孩子压力及焦虑情绪的产生。家长应该为孩子营造一个良好而宽松的生活学习氛围，尽可能地放下大家长的身段，多听听孩子心里的事情，并尽量尊重他们的愿望，使得孩子在考前的紧张的环境中有个换口气儿的地方。这对孩子的心理健康成长是十分有益的。

（5）正确期待与评价

家长对孩子的期望值过高，孩子就会不自觉地将注意力集中于过高的目标上，因此造成过大的心理压力，从而引发焦虑情绪。家长在订立期望值时一定要充分考虑到孩子实际水平和能力；而孩子为自己定目标时，也不要抱着一夜就将罗马城建成的心理，以免在考试时，因没有信心达到预定目标而影响复习效果和质量，导致考试的失败。无论是家长还是孩子自己都应该对考试保持平和的心态，特别是家长别给孩子过高的压力，在考试之前，只需轻轻地对孩子说上一句："发挥出正常水平即可"，孩子就一定会让你拿出较为满意的试卷。

学会阶段性自我放松

在每个人的心里都有一个管理压力的储存罐，大人只能从旁引导而不能代替孩子去操作，懂得自我调节和自我放松的孩子能够在压力过大时，松开存储压力的罐子，给自己做适当的减压处理。而那些不懂得自我调节和自我放松的孩子则死守硬挺，以至于存储压力的罐子越装越满，孩子的精神越来越紧绷，当压力到达极点的时候，一举爆发，其后果的严重性是难以想象的。中小学生正处在心理情绪不稳定时期，家长不要将关注点全然地盯在学习上，更要注重孩子的心理健康，培养他们应对压力和缓解心理压力的能力，从而让孩子获得健康的心理和健康的人生。

1. 学会"心境"的自我调节

人们常说："失败是成功之母"，失败并不可怕，可怕的是当失败还没有到来，自己已经在心理上败下阵来。在学习压力面前，孩子很容易出现对自己的学习没信心，反感父母对自己的说教，心情低落等现象，倘若家长对孩子出现的这些状况不闻不问，孩子也不能及时地进行自我调节的话，就很有可能影响到学习和考试成绩。

（1）音乐调节情绪微波

倘若在学习时感到疲倦或困难时，不妨放上一点轻盈的音乐，在高山流中带走你的所有烦恼，使孩子的心境宽广，心情舒畅，身体也自然会感觉到无比轻松。

（2）运动使你轻松

孩子倘若心情不好或疲惫，如果强迫他去看书学习或做作业，必然不会取得良好的效果。这时，不如鼓励他出去散散步、踢踢球等，放松一下自己。但是切忌不易玩得过烈、过猛，否则心理上虽然得以放松了，但是身体却疲惫了，仍然无法得到良好的学习状态。

（3）睡眠调节法

最普通的睡眠反倒是放松的最佳方法。如果累了，不妨到床上躺一会儿或到桌上趴一会儿，使大脑"小睡"一下，如此一来，体力和心境就都会得到

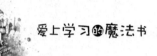
休息了。

（4）体验冥想放松的意境

放松，也可以通过想象来得以完成。放上一段有关瑜伽的音乐，心里想象着"蓝蓝的海边，我光着脚丫走在软软的沙滩上，海浪温柔地亲吻着我的脚面，我和大海拥抱，自己的身体漂在海面上，放松，放松……"在短时间内放松、休息，恢复精力，让自己得到精神小憩，你会觉得安详、宁静与平和。

2. 如何应对孩子的"高压问题"

（1）压力"满"时，有意识地转移注意力是减轻心理压力的有效途径。倘若孩子长期处在高压环境中，势必会造成精神高度紧张。这就说明身体里承载压力的容器已经接近饱和，急需找到一个可以转移的出口。此时，就需要家长帮助孩子找到自我调节的途径，及时地为高压情绪做好转移工作。比如和朋友聊天、逛街，参加一些室外活动、泡个热水澡等。如果放不下学习，还可以采取文理相交叉的学习方式，使左右脑轮流活动，减轻大脑疲劳，也是个不错的减压方法。

（2）考前过渡放松法。一般来讲，在重大考试之前，学校和家庭都会让监考的学生进行一周以上的休息和调整，其目的是为了让孩子能够以最充沛的精力来应对考试。可是，很多老师、家长有孩子自己却因为不了解科学的调整方法而将这段时间利用失败，没有起到应有的作用。比如，一些孩子真的将其当成了休息日，有关学习的一切活动都几乎停止，全然地放松。这种在长期高度紧张的学习气氛中戛然停车的做法是不科学的，不仅不会令即将要监考的孩子放松下来，反而会使原来那种适应高度紧张的心理模式，因突然失去对象物，面对宽松无事的环境，表现出不适应，因此而产生了不安、失落、心慌等不适等心理现象。还有些孩子，直至考前一周，神经仍然紧绷，甚至继续持续紧绷，这种做法也是不合理的，过于紧张的精神状态不利于孩子在考试时临场发挥。最科学的方法，应该让孩子在考前一个月前就慢慢地减少学习强度和学习时间，采用过渡的调节方式，让孩子紧张的情绪慢慢地缓和下来，从而使自己以最佳的状态迎接考试。

学习的耐力赛需要情绪宣泄

压力在不断形成的过程中如果没有得到适时地减压处理，而一直累积于内时，孩子的情绪和状态就会表现得极为恶劣。这就说明，压力正像一只无头苍蝇在孩子的思想情绪中乱飞乱撞，急需找到一个可以为之逃生的出口，这时就需要孩子对其满压情绪进行正确的宣泄。

1. 摆正"分数"

孩子有一颗行而上学的心是每个家长及老师都喜于乐见的，但是，凡事满则亏，倘若过分地注重于分数和名次，仅仅是因为对比于上次考试低了几分或落下了几名就对自己不依不饶的自责和折磨，或是从此便丧失了信心，那就太没有必要了。天下的事没有一帆风顺的，学习是一场考验实力的比赛，更是一场耐力的角逐，唯有长性者才可能成为这场比赛的最终赢家。

2. 摆正"期望"

我们屡屡提到过期望值，就是要强调，家长不要以期望给孩子"加赋"。这时就有很多家长要说，"既然这样，我们便把对孩子期望埋在心里，不表达，不说出来就好了，这样一来不就将问题解决了吗"很抱歉，仍然要为你的这种做法打叉。之所以，我们经常要在"期望值"上打叉，并不是因为它存在的错误，而是它被设定的目标过高。适当标准的期望值会对孩子起到激励学习的作用，赋予孩子不断上进的欲望；倘若期望值过高，不但不会达到催人奋进的目的，反而适得其反，给孩子带来巨大的心理压力。所以，家长一定要权衡轻重，摆正期望值的位置，让它成为孩子学习的动力而非阻力，那便是最好的了。

3. 摆正"方法"

正确认识压力。并懂得释放不良情绪，才会在学习这场无止境的耐力赛中成为领军人物。

（1）食物法宣泄

吃，是减轻心理压力较好的方法。咬、扯、剁等，牙齿间的一切动作都会让意欲宣泄者过足了瘾。另外，研究表明有的食物具有直接减轻心理压力的作用，如胡萝卜、香蕉等。吃食物减压的方法虽好，却不可长用。因为"暴食"，特别是那种大吃大喝的，对身体是非常有损害的，所以，偶尔减压、宣泄尚可，如若常用，还是另寻他法为妙。

（2）运动法宣泄

如果感到压力已经将自己逼得透不过气来，那么就疯狂地绕着湖边或操场使劲地跑上几圈。或是站在高处，大声地喊，旁若无人的喊，把身体里一切的不快、烦恼、压力都随着精力、汗水、喊叫而挥发出去。而后，你就会感到自己又"活"过来了，身与心都充满了力量。

（3）暴力法宣泄

当心理承受能力到达生活中的某一个极点的时候，就会引发失眠、心烦、没劲儿，提不起精神等现象的发生。这时，如果不让情绪得以适当地得以排出，就很可能引发出一系列的心理疾病。不妨给孩子创造一个情绪发泄的出口，随身携带一个类似小橡皮球或是可以用以揉捏的橡皮泥等东西。当压力过大，难以自己的时候，就使劲地挤一挤、捏一捏，甚至使劲地往地上摔一摔，以此"暴力"法来排解心中的苦闷。

（4）写作法宣泄

不妨让孩子养成写日记的习惯。让他们的感情有一个可以流出的通路。压力过重时，将烦恼、苦闷、不满等情绪统统地用笔写出来，如若还觉得不过瘾，也可以让这张纸成为一篇单纯的情绪日记，撕下这张，痛快地撕碎，让一切痛苦都随之烟消云散。仅凭一张纸、一支笔就能将烦恼摆平，这是不是很容易做到？不妨一试。

战略上藐视考试，战术上重视考试

学习压力过重除了源于自身过高的期望值之外，更普遍表现在自身知识经验准备不足上。这正与我们所强调的观念背道而驰变成了战术上"藐视"考试，战略上"重视"考试。从而导致自己在学习中常常感到焦躁不安，每逢考试便更加严重，甚至出现怯考、晕考等考试综合征。面对此种情况，家长应帮助孩子做好心理调试，转变现有观念，将原本的"藐视"与"重视"调换位置，合理安排。在每次考试前都应做好"战术"上的部署，认真准备，充分复习，高度重视。在考试经验的积累中，使自己的信心和细心随之增长，从而心态平和地发挥出自己应有的水平。

1. 成功一半靠心态

考试不仅仅是对孩子进行知识、智力及技能的考查，也是对他们的情感、意志及体力的挑战。一般来说，应考心态会在很大程度上影响到孩子的考试成绩。经常会出现这种现象。平时学习成绩很好的孩子，甚至相当好的孩子，考试结果却很不理想，并没有体现出其真实水平；反倒是那些平时学习成绩一般，甚至较差的孩子，却临场发挥得相当出色，甚至有些出乎人们意料。这样的事例，已不是偶然。由此可见，在面临关键性考试的时候，孩子的心理状态决定他们临场发挥的好坏，且在很大程度上影响考试成功的概率。因此，在考前保持良好的心态是十分有必要的。

2．不良心态的具体表现

孩子在考试时所表现出的不良心态，并不是突发的，在临考前的一段时间里定然会有所表现。因此，家长要注意观察孩子的考前行为，积极调节，尽可能地帮助孩子避免不良心态对其造成的伤害。而不良心态，在很多时候都只出在人们的思想活动中，但有时也会表现在神态、行为、言语之中。比如，坐立难安、心烦、焦虑、失眠、学习效率下降、甚至是食欲不振，提不起精神等；考试时则表现为头昏目晕、心慌烦躁、甚至是大脑里一片空白等。正是因为孩子对某场考试或考试结果过于在意，心理压力过大，才会引发不良心态的发生，造成考试失败的最终结果。家长要高度重视起孩子的考前心情，以免因小失大，误了他们的大好前程。

3．不良"应考心理"的防治

（1）树立正确的"考试观"

绝大部分家长在教育孩子的时候，都会将"前程"、"唯一"等与考试紧紧的挂在一起，"不好好学习就没有出路"，"考试不行，就没什么出息"等等。这些言语在无形中给孩子带来了巨大的压力，致使不良应考心态的滋生。

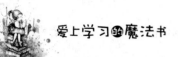
家长要注意为孩子树立正确的考试观，做到"在战略上藐视考试，而在战术上重视考试"，认真复习，细心地面对每一个知识细节，抱着发挥出自己真实水平即可的思想，排除一切不利因素的干扰，让孩子轻装上阵，坦然地面对每一次考试。

（2）心态的自我调整方式

自我调节，是每个学生都应该具备的基本能力之一。学习的道路上不可能一帆风顺，必然会遇到这样或那样的困扰和困难，不懂得自我调节的学生往往陷入到自我抱怨，焦虑、烦闷的境界，难以自拔；而懂得自我调节的学生则具有反转乾坤，化逆境为顺境的能力。由此可见，掌握自我调节的方法是十分必要的。学会对生活中那些从失败到成功的例子或是具有激励作用的名人名言、富有哲理的思想等作为前进的动力，激励自己战胜困难，摆脱烦恼情绪；要在压力下要懂得"自我暗示"，不断地提醒自己"我能行"、"我可以"、"我要尽自己最大的努力"等。心理暗示可以帮助孩子较快地排除杂念，转变情绪；当感觉到自己压力过大或情绪不佳时，不要再强迫学习，不妨到户外走走，呼吸一下新鲜的空气或是做做体育锻炼。不良情绪就会得到有效转移。另外，提醒家长和孩子，人的一生要经历无数次的考试，谁都不可能次次成功，所以要懂得正视失败的发生。现在失败了没什么，吸取经验，调整状态，迎接下一次的成功才是最重要的。

放下包袱，低调处理法

倘若一个人背上过重的与学习本身无关的思想包袱，那么这个人就根本无法在学习上体验到快乐。很多孩子在平日里学习成绩还不错，作业都是良和优，小测试时也可以达到家长和老师心中的标准。可是一旦面对期中或期末考试，结果就仿佛是已经定下的，必然是考砸。翻看考试卷，我们不难发现，很多题目并不是因为孩子不会，而是出于各种原因，比如，没有将题目要求看清，马虎粗心所导致的计算错误，漏题等。实际上，这些情况的发生并不像表面看起来那么简单，都是有一定的原因的。家长应该教会孩子放下心理的包袱，使他们意识到"现实"与"理想"的距离，将原本高调的期望适当调低，这些困惑许久的问题就不解自开了。

1. 学习的"包袱"

（1）他人好过自己的"疑心病"

其具体表现在考试前，自己复习状况不佳时，心里就会假想出"别人已经复习得很好了"，"这次考试别人都比我准备的充分"；自己复习状况不错时，心里也是总认为"我都复习得差不多了，别人一定会比我准备得更好，这次考试又要完蛋了"。这些假想出的事情，并一定是真实的，至少不是孩子通过什么可行方法去了解到的，它无非是孩子考前紧张而引发的"疑心病"而已。这种想法一旦产生，无形中便削弱了孩子的备考信心，增加了心理负担。这便是学习的一大包袱，我们必须将它扔掉！学习不要看别人，只要自己尽全力，就必然会取得满意的学习成绩。

（2）不懂装懂的虚荣心

很多孩子在学习新知识的时候，由于各种外界原因，很可能会发生当时没有听懂或是没跟上，而造成了知识的盲区。遇到这种情况，本应该马上找到老师或其他学得好的同学，向其请教，将不懂及时消除，可是却因为虚荣心作祟，害怕别人觉得自己笨，而没有立刻行动，结果导致恶性循环，久而久之形成学习心理上的压力，导致学习成绩下降、情绪烦躁、心情压抑、学习时间过长可是学习效果不明显等等症状。由此可见，虚荣的包袱也是我们应该去放下的。

（3）间接的社会压力

虽然孩子还在学习阶段的城堡中，尚没踏入社会。可是，却不可避免地仍然要接受来自社会的间接压力。比如，家长的殷切希望，现代社会竞争压力大，如果身无所长是很难在社会上生存的。千军万马过独木桥的竞争模式，让那些没有家庭背景的家长更加恐慌，因为他们心里十分清楚，孩子若想有出路，唯一的方法就是努力学、拼命学！家长背负着沉重的包袱，而这份重量也间接地传递到孩子的身上。虽然古人也曾经说过"人无远虑，必有近忧"，可是若让孩子过早地扛上这份超出他们负荷的责任，恐怕在重压之下也难以培

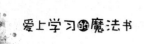

养出什么天骄之才。不妨将这份压力教育转变成意识教育，暂且将原本不应该属于孩子的包袱拿开，轻装上阵，在渐学渐懂中，逐渐使自我能力得以增强，准备着去迎接未来的一切挑战。

2. 如何放下学习"包袱"

（1）应对"疑心病"

"疑心病"产生的最主要原因一般有以下两点：一是自信心不足；二是自我复习准备不充分。

解决方法一：加强自信心

对镜自勉，别让为那是自欺欺人，孩子要学会自己会为自己打气，告诉自己："我不比别人差，别人复习好了，我同样通过努力也会复习好"、"我复习得很充分了，这次考试，我一定会取得好成绩"，在对镜做自我鼓励时，一定要中气十足，要大声对自己说，说一遍、二遍……十遍，其目的就是让自己清楚地认识到自己并不是说说而已，要让自己相信这一切都可成真！

解决方法二：加强复习，尽量减少遗忘

即使再聪明的孩子，在学过新知识之后，如果没有及时地进行复习，也一样会忘得一干二净。长此以往，不会的知识越积越多，复习便发生了本质上的变化，从原本查漏补缺的过程变成了重新学习。这样一来，即使孩子复习完了，所掌握住的知识仍然是松垮的、不堪一击的。因此，总是疑心他人比自己复习得要好，便自然成了顺理成章之事。如若想治好孩子的"疑心病"就一定要先扳正学习的习惯。在学习新知识之后，仍要保持对旧知识的强化练习，在加深对其理解的基础上，根据遗忘先快后慢的规律，及时地进行复习。在单元、期末结束前，应该进行系统的归类复习训练，让孩子了解知识的结构，使他学得轻松，学得愉快。当知识牢记在心，胸有成竹之时，疑心之病自然可解。

（2）应对虚荣心

具有虚荣心的孩子说明对学习还是有所期盼，渴望在学习上能够得到他人的肯定。对待这样的孩子，家长应该给予适当的鼓励，让他们敢于去表达自己的不足之处。不妨给他们讲一些成功人士在学习知识的阶段，遇到不懂的问题时是怎样向他人虚心求教，甚至是不耻下问的。让孩子懂得向他人请教并不是丢人的事，别人也不会嘲笑你的行为，不仅如此，孩子还可以获得学习上的精进，这岂不是好事一件吗？

（3）应对间接的社会压力

对于由社会等大方面对孩子产生的负担，家长应该进行自我反省，充分认识到教育的目的和真正的内涵，在纠正好自我心理定位之后，再对孩子实行心理教育，以保障他们内心的健康和阳光。

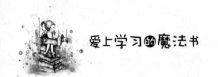
二、保持积极的心态，焕发自我能量

心态影射结果。乐观、积极则动力无穷；抑郁、消极则无心向前。学习就好比是一面镜子，你对它装着鬼脸，它也对你装着鬼脸；你对它哭，它也对你哭；你对它笑，它也对你笑。由此看来，唯有保证自己的心态是向上的，具有进取性的，自我的能量才会得以升华，并乐在其中地向着成功奋进。

以平常心考出不平常的成绩

以平常之心对待考试，这是在告诫孩子，在考试前不要使自己处于一种患得患失的心态。有一句话说"计划没有变化快"，即便是你想的天花乱坠，或是惨不忍睹，结果都不会完全按照你的思想意识行进。不仅如此，当孩子在面对考试的最后冲刺阶段的时候，这种心态还会直接影响到你在考场上的状态。因此，在面对考试时，千万不要奢望什么超水平发挥，有了这种心态的左右，往往要求越高，越难以在考试时发挥出自己真实的水平。一定要孩子保持一颗平常之心，唯有此，才可能在发挥出自己实力的基础上，得以超常发挥。

1. 学会为自己"打气"

每逢考试，一进入到紧张的复习阶段，一些孩子就表现得像"霜打的茄子"，有害怕考不好挨批评的，有害怕自己不能进入到学年大榜的，还有认为自己一定会进前三名的……无论这些孩子处于存在以上哪种心理，都已经犯了考试的大忌。考试前，考生最好不要让自己置于一种患得患失的心态中，即使是平时成绩真的很差，也不要未战先败，要让自己懂得，哪怕是真的没有考好，也只是多了一个总结经验的机会罢了；即使你有九十九分的把握会取得第一名，也不可洋洋自得，因为很可能你学习上的弱点就出现在这次考试上。切莫先悲、先喜，如若不然，患得患失的结果往往不但不利于最后阶段的复习冲刺，还很可能在一定程度上直接影响到孩子上考场时的状态。在考试之前，孩子万不可觉得自己复习得不够。反倒是要让自己无比相信，只要复习到的，就一定会有很好的发挥。要学会为自己"打气"，不断地告诫自己"我都很好的掌握了"、"我要立足于现在已掌握的知识，灵活运用，巧妙运筹，去对付考试"……记住，怀着一颗平常心，你才能考出不平常的成绩。

2. 学习生活条理化

有条理的生活是培养良好心态的重要原因，生活有了条理，学习自然也就有了规律，如若再有科学的计划，就不会再像某些孩子那样持续地在繁忙的学习和紧张的生活中行走，得不到半步的停歇。这些孩子仿似患了学习强迫症，硬是让自己的身体及心理不得半刻休息，即使是短短的课间十分钟也不出班级半步，他们的课余时间永远都被习题和背诵资料占用着，学习生活乱了次序，心情与大脑都处在混沌之中，平常心根本无处谈起。孩子啊，不要给自己过分地加压，如果学习生活丧失了条理化，即使你真的这次考出了好成绩，它也不会是稳定的，放松大脑紧绷的弦，以平和之心赢得的胜利，才是长久的胜利。

3. 如何实现"平常心"

（1）科学的学习方法。别把学习搞成一件千篇一律，枯燥无比的事情。如果一百年只背一篇课文，谁都会对它失去兴趣。对待学习，不妨充分利用学习科目的种类、各种感官轮番上阵，耳眼口手脑并用，听说读写算并进等变化学习内容和学习方式的办法，为学习生活增添一些乐趣。当学习任务上升到学习兴趣之时，我们所极力追求的平常之心自然可成。

（2）考前做好充分的准备。考试的前一天最好不要使自己过于劳累，基本上要以休息为主。在进入到放松状态之后，再随便翻翻笔记和书本。这一天不宜再记新内容或钻研那些屡次都不得其解的题目，而是要保持好心态的平静，这是保障自我能力能够得以超常发挥的重要条件之一。

（3）应该相信自己经过长时间的复习已准备充分，经过多次模拟考试已

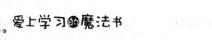

积累了许多经验，心理也得到了较好的训练，考试并不可怕，这是应试总的策略。但在具体解每一道题时，应认真细心，重视每一细节，尽力不丢一分。"信心"和"细心"可保证你考试取得成功。

压力化动力的健康"变压法"

人们常说，无目的的发泄是压力的消极表现，有目的的宣泄是动力的积极反映。现在我们一直在提倡"减压、减压"，可是倘若压力真的完全消失时，就好比人类丧失了心理活动一样，那是不现实的。所以，一味地追求减压并不是解决心理问题的最好办法，而正确对待压力，理解压力，使其转化为动力才是上上之策。

1. "压力"增减论

几乎所有人当提到学生学习问题的时候都会不约而同地想到同一个词，那就是"减压"。可是，在我们执行减压行动时却总会心生疑问，这"压"到底该不该减。

（1）不减反增的"压力"

现在的孩子有个性、有脾气，已经鲜少有那种家长和老师怎么说，这边就怎样乖乖听话的孩子了。有的孩子，上课不遵守课堂纪律，被老师批评了也不知悔改，甚至觉得不耐烦；有的孩子经常抄袭他人作业，被老师发现了，对其进行教育，却仍然故我，死性不改……正因为在学校有老师管着，在家里有家长看着，所以，这些不守纪律的孩子总会表现的没有精神，感觉有无形的压力包围着自己。实际上，所谓的压力不过是源于对自己不当行为的管束罢了。面对这种压力，正确的做法是"不减反增"，加大力度，使孩子在学习上的那些坏毛病得以及时地纠正和规范，理应提倡。

（2）正确认识学习的"压力"

"怎么又考的这么差，饭都白吃了！"、"你到底上课有没有好好听课？是笨蛋吗？别的孩子都懂就你听不懂吗？"、"我怎么会有你这么笨的孩子"……请停一停，家长同志，你有没有发现孩子不知从什么时候开始已经不愿意再和你进行交谈了吗？你有没有发现，为了躲避你的唠叨和窥视，孩子只要一回到家，房门总是被关得死死的吗？从表象上看，大多数家长都会觉得自己的孩子没心没肺，没压力，怎么说，怎么骂都不见其效，而实际上，孩子的这些表现都在无声地告诉你，他们也正在承受着巨大的心理压力。学习成绩不好的孩子，面对家长的批评与数落，想到自己的"不中用"，相比之下，压力自然不轻；而学习优秀的孩子，即使不用受到家长言语上的压力所扰，也存在着害怕成绩掉落，害怕他人比自己优秀等压力。综上所述，真正的学习压力主要体现在以下几个方面：第一种，当孩子尽自己所能，付出一切努力，产生以社会标准来衡量，这是一种来自主观上的内在压力；第二种，当孩子努力奋斗了，而外界还提出过高的要求，这时孩子产生的心理苦闷，这是来自于客观强加的压力；第三种便是第一与第二兼之的压力。

2. 培养责任感

化压力为动力，是每个家长和孩子极力想要达成的目标之一。说实话，现在的孩子虽然个个生长在温室里，风吹不到，雨淋不到，可是却很辛苦。随着年纪的不断升高，学习压力就会紧随着所学课业不断地增加。有的孩子对学习会自发的产生责任感，但是却无法准确衡量，或者过高估计其中的压力，或者过低估计自身能力；有的孩子在面对压力时，得过且过，态度消极，仿佛压力本身就是他的影子，存不存在对其本身是没有任何影响的，这便是没有责任感的具体表现。这类孩子在学习行动上也不会有积极进取的表现。对前者，我们要引导孩子在行动上增强抗压力、耐挫力，培养其意志力；对后者，则应把积极引导的教育方式放在第一位，唤起他们内心中潜伏的责任感，引导他们去懂得理应肩负的重责大任。让压力与责任并存，只要有责任感伴其左右，压力就会有无止境的后备能源，在需要时，以动力的形式向前挺进。

3. 保持积极乐观的态度

积极乐观的态度好比是压力化动力的解码器，尤其是孩子面对考试的时候，积极的乐观态度会激发孩子快速进入到考试状态中，将考试看成是一种机会，一种挑战，当兴趣被引发后，为了去实现自己锁定的目标，为了赢得挑战的胜利，内心深处将会被激发出无限的能量。从而完成压力变动力的完美转身。保持乐观的态度，生活中必然就会激情四射。虽然我们身边所发生的事情不可能都是令自己高兴的，有时可能会让自己觉得很不好做，甚至感觉有些为难，这时，我们不妨学上一点阿Q精神，耸耸肩，笑上一笑，对自己轻轻地说这没什么，明天还是要继续。"

不要小看竞争意识的作用

学习就像是一场竞技赛，如若没有与之相比较的对手，自然就少了一份奋进地动力。很多家长都极力地想将自己的孩子送名校，送好班就验证了这个道理。所谓"水涨船既高"，在"名校"、"好班"里成长起来的孩子，因为有竞争力左右，即便是在这个班级里只能考出三十名的名次，可是如果将这个成绩拿到一般学校的班级里，就很可能会排到前几名。人外有人，天外有天。如果只因为自己在所属的小天地里称了王，便失去了竞争意识，那么你的极致也不过是井底之蛙，再难有所进步。中小学生应该把目光放远，为自己寻求竞争对手，只有这样才会使自己在最后的升学考试中取得理想的结果，赢得最后的胜利。

1. 竞争使人更优秀

"物竞天择，适者生存"，这句源于动物界的规律之说，已经完全符合于现代社会的生存特点了。而学校教育似乎也在顶潮流之势，校园四处皆可感受到强烈竞争的气氛。学校里分了"重点班"和"普通班"，孩子自然被分了流，为"重点"和"普通"；班级里按成绩的高低从前至后排了座位，孩子又被无声无息的界以区分，为"好学生"和"差学生"。除了学校，孩子自身也自然地形成了竞争意识，各种学科的补课计划，大幅度超出学科难度的"奥赛课"，孩子每天从早忙到晚，从一个竞争环境，又跳到了另一个竞争环境。这使我想起了曾经红于职场的一句话："跳，并快乐着"，因为，到最后孩子们收获了。虽然学校的方法有些不近人情，但是这种管理方法却使更多的孩子们有了考入名校的机会。这也是为什么明知道某某学校校规如此，家长和孩子们却仍然想要挤破头的想进去的原因所在了。

竞争是一种动力，但当它作为达到某种目的的手段时，它已经成为一种负担和束缚。孩子们的竞争意识需要学校，家庭，社会的正确引导，让它符合孩子自然健康成长的规律。

2．竞争意识和健康的竞争心理

　　竞争意识，泛指对外界活动所作出的一切积极，奋发，不甘落后的心理反应。竞争意识是克服人格缺陷的一剂良药，是推动个体战胜自我，超越自我的精神动力，有了大胆开拓，勇为人先的竞争思想，各种可能发生的人格障碍就会缓冲化解，甚至烟消云散。

　　所谓竞争，是指人们为超越他人，实现自己的目标，而进行的活动。由于竞争的目的性和排他性，形成了两类不同的心理，健康的竞争心理和不健康的竞争心理。健康的竞争心理是指建立在健康的心理基础上的对外界活动作出的一切积极向上，奋发进取的个体反应。健康的竞争心理表现为：在采取积极的行动以达到对学校，对班级集体的有效适应，呈现出一种积极向上，锐意进取的面貌。

3．竞争意识的心理障碍

　　（1）战胜自卑：在学校里表现平平，甚至较差。学习能力及成绩也不见出色之处，很少受到表扬，更称不上老师的得意门生，在同学们的心目中似乎也为可有可无，这类孩子容易产生自卑感，且竞争意识淡薄。

　　（2）战胜胆怯：这类孩子可以被称为默默无闻的典型，虽然他们一般都具有较好的学习态度，学习成绩也很好，可是却唯独缺乏参与集体活动的精神和乐于表达能力，每每到了可以让自己大放光彩的场合，就退缩，甚至说起话来都结结巴巴，上句不连下句。这种情况一般发生在见识较少，或天生胆怯的孩子身上较多。

　　（3）战胜保守：受各种原因的影响，这类孩子总觉得积极参加竞赛活动是出风头、逞能、不谦虚、不谨慎的表现。自己害怕做不好受到老师和同学的嘲笑，所以很多时候，即使是时机已经成熟了，他们往往也选择放弃机会，退出竞争。

　　（4）战胜错误自尊：这类孩子自尊心特别强，也显得十分脆弱，生怕如

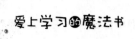

若主动参加了比赛，却拿不到成绩而使自己丢了面子。这种患得患失的心理，致使他不愿意参加到竞争活动中，而是在更大程度上希望老师点名请他们参加，同学们推举他参加。这样一来，他的自尊心便可得到极大的满足，即使是自己在竞赛中没有取得较好的名次，面子上也已经有了固定的托词，如"不是我自己要参加的"、"我说我不行，同学们硬要推荐我，看吧，比砸了吧"。

（5）战胜过强地自我表现：这类孩子较前几类孩子有所不同，他们几乎对所有的集体活动都十分感兴趣，不害怕失败，样样都想参加。可是，这类孩子的缺点也是显而易见的，在活动过程中，不懂得顾全局，而舍小方的集体精神，个人表现，是否可以出尽风头，是他们所关心的。为了达到这个目的，他们甚至敢于采取不正当手段，只为赢得最后的胜利。

（6）战胜嫉妒：因为自己缺乏某方面的才能，不能参加竞争，或是竞争失败，不去坦诚地面对自己的失败，吸取失败的教训，反而对别人在此方面取得的成绩，冷嘲热讽，说风凉话，这是嫉妒他人成绩的具体表现。

4. 如何培养孩子健康的竞争意识

（1）为什么要培养竞争意识

从个人角度来讲，培养竞争意识，可以养成孩子的自尊心，增强孩子的自信心，帮助孩子实现自我认识，自我评价，使孩子在竞争中品尝成功与失败的个中滋味，以此来提高他们的承受能力及抗压能力；从集体角度来讲，培养竞争意识，调动起孩子参加集体活动的积极性，增强孩子的集体荣誉感，增强社会责任感。

（2）竞争意识与合作精神

良好的品德，是培养孩子竞争意识里不可或缺的条件之一。这对于培养孩子的协作精神，树立正确的集体荣誉观，都是极具好处的。如果有良好的品德做保障，就可以避免孩子之间钩心斗角，互相拆台的不正当竞争活动的出现，也唯有如此，孩子才不会被名次、分数等所累，才能在各种竞赛活动中排除私心杂念，充分发挥自己的特长，才能以正确的态度对待失误和挫折。

（3）增强抗挫心理

避免消极情绪的产生，有以下两种有效方案：一是转移法，即当受挫者因竞争愤怒、沮丧不已时，其他人应该想方设法地将其注意力转移或分散，以达到避免消极反应出现的目的；二是替代法，即受挫时，多用成功情绪进行置换，比如，数学考砸了，但是英语却考得很好，这样一想，受挫情绪就会得到有效的缓解。

另一方面，我们不能一味的等着受了挫折之后再去做出应急反应，而是应该想着将火苗控制着源头。所以，在平时的学习生活中，家长应该注意孩子意志力的培养，提高孩子的心理承受能力，做好一切准备，防患于未然。

告诉孩子，你一定会成功

不会有人因为不懂得"1+1"是等于"2"的，"2+2"是等于"4"的，这种小小的问题就对自己丧失了信心。那些认为自己学习无望的孩子往往是因为在学习上欠账太多，最后拖致无力补救，才会产生这种破罐子破摔的心理。此时，家长的鼓励和引导是帮助孩子走出心理困境最有效的方法。如果，家长不明所以，不鼓励，不表扬也罢，甚至还要严加批评，打骂齐上，其结果必然会让孩子那颗本已深入谷底的信心，再次落入万丈深渊。推他一把，不如拉他一把。家长在帮助孩子重塑信心的同时，也要在心理不断地告诫自己"前进一步便是成功"！

1. 孩子有负面情绪家长先检讨

孩子之所以在学习生活中易表现出焦虑、烦躁、忧虑的心理状态，有很大一部分原因出自于家长。作为孩子最亲近且与孩子接触时间最长，接触频率最多的家长而言，孩子会很自然地将家长的意愿理解为自己的意愿，为了让家长的期望不会落空，很多孩子都背负着沉重的心理压力。据研究表明，在氛围较轻松家庭里成长起来的孩子一般心理素质较佳，当遇到挫折和打击时积极正面的心态对待，而在氛围较压抑环境中成升起来的孩子一般心理素质较差，当遇到挫折和打击时思想易走极端，将心灵封闭，杜绝与外界多做交流。由此看来，家长的言行对孩子的影响是极其深刻的。所以，如若孩子出现负面情绪，家长首先应该做自我检讨，回忆一下，是不是自己的言行给孩子带来了不良影

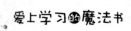
响。如果答案是肯定的，那么，家长应避免近期和孩子有过多的正面接触，当自我调节完毕之后，觉得自己的情绪及心态已经被调适及校正过来之后，再与孩子进行面对面的沟通。这里特别值得注意的是，禁止说一切埋怨或打压的话，以防自己再次陷入到刚刚犯过的教育误区。不妨以孩子感兴趣话题入手，如看上一场电影或听听音乐等。而后，在彼此都处于轻松的状态下，再将学习的话题提起来，并要表达出自己相信孩子一定会成功的信心，让所有矛盾都在一种平和且无声无息中得以解决，这样岂不是很好吗？

2. 学习跟不上怎么办

孩子学习跟不上，家长急，孩子心里更急。别以为你的孩子是没心没肺，不把学习当回事的一类。没有人不想让自己变得优秀起来，也没有人不想得到老师和家长青睐，相比于那些学习成绩好，受大家欢迎的孩子，学习不好的孩子已经失去了太多。所以，少点抱怨，多点帮助，也许这才是你的孩子所最为需要的。

（1）看看自己差在哪里

一个人若想进步，就一定要知道自己在哪里技不如人，学习在哪里存有漏洞。所以，孩子应该通过上课、做作业、预习和复习、考试等一系列的学习活动，细心寻找并及时地给予改进，绝不可得过且过，轻易放过。

（2）哪差补哪，专题专练

具有针对性的学习对提升孩子的学习成绩是十分有效的。发现薄弱环节的藏身之地，制定切实可行的补习计划，将所涉及学习范围所用的教材、笔记等做量化处理，统计一下补习所需知识量，再将其分成块状，按着自己规定的进度及顺序开展补习工作。

（3）抓预习

学习的恶性循环往往是从上课听不懂开始的。所以，那些学习跟不上的孩子预习就越发显出其重要性了。通过预习发现自己过去学习中的问题，列出对新课程中的知识点吃不透的地方，这样便有了一举两得之效，既补上了已学知识的不足，又促进了新课的学习。

（4）高效利用课余时间

一般情况下，学习都是一环扣着一环的，几乎每天都有当天所要完成的学习任处。因此，如果自己存在学习跟不上的情况，就要辛苦一些，利用课余时间来进行补救性的学习，即在完成当天学习任务之后，将余下的分散的时间集中起来使用，虽然时间分散，但是却要有一个集中的专题选项内容练习，这样坚持一段时间，效果就会自然显示。

如此一来，学习想不好恐怕都会成为难事一件。家长同志，即使他们都认为你的孩子"不行"，你也一定要无比坚信地对他说"能行"，因为你是孩子最为亲近之人，如若连你自己都要选择放弃孩子，孩子还会有何力量再去独自硬撑呢？相信你的孩子，相信就会创造奇迹。

注意培养自己的意志力

人的意志力并不是与生俱来的，而是在后天的生活实践中，不断积累起来的。在学习生活中，有些孩子存在着诸多这样那样的毛病，比如，不能按时完成当天的作业；在学习上遇到困难就先打退堂鼓，垂头丧气或一蹶不振；学习不刻苦，不努力；上课爱溜号，喜欢做小动作或睡大觉。有的孩子甚至认为自己天生不是读书的料，从而轻易地放弃了学习。这些情况都是中小学生意志力薄弱的表现。家长应该认识到问题的所在，从现在开始重视起对孩子意志力的培养，这一点是十分重要的。

1. 良好意志品质的培养

（1）意志的特点

所谓意志，是人在完成一种有目的活动时所进行的选择、决定和执行的心理过程。其主要特点包括：意志行动要具有意识性、目的性；意志行动与困难的克服紧密相连。其困难主要包括疲劳、懒惰等源于自身问题的内部困难和学习及生活中出现的外部困难等。

（2）自觉性意志

自觉性意志品质是指人对自己的行动目的有着正确的认识，并为之不懈的努力。如，在运动比赛中，某运动员在五千米长跑中不甚摔倒，腿部擦伤，但

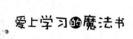

心里却默想："我一定要跑完全程，不能给班集体抹黑"。这种意志力表现出的内驱力源于较强的责任感及正确的人生观。

（3）坚持性意志

坚持性是指坚韧不拔，坚持到底，不达目的，誓不罢休，有一股"绳锯木断，水滴石穿"的精神。这种意志品质是中小学生成长最重要的元素之一。因为成长的道路不可能一帆风顺，毫无波澜，无论是从自身而言还是从社会、家庭而言，都需要坚持性意志的支撑和协助。那些立志无常，遇难则改向，做事不能坚持到底的人，终会与成功无缘，唯有耐心和始终如一人，才会获得成功的青睐，成为最终的胜者。

2. 培养良好意志的几点要求

（1）做好身边的点滴事

古人云："一屋不扫，何以扫天下"，意思是说成就大事，也要从身边的小事做起，如果连小事都无法做好，又何谈做大事呢。在生活中，我们应该注意孩子的"小事"意识，不要认为小事就无需注意，其实正是这样一件一件的小事，才能反映出一个人已有的意志，也正是这样一件一件的小事，才让一个人的意志从有到无，并逐渐得以增强。高尔基曾说过："哪怕是对自己的一点小小的克制，也会使人变得刚强有力！"中小学生正处在各项能力得以增长和进步的阶段，更应该从小事做起，规范自己的行为，用小事的坚持力去克服自身的弱点、缺点，从而达到培养自己意志力的目的。

（2）培养自制力

自制力是指一个人在意志行动中善于控制自己的情绪，约束自己的言行。其主要体现在两个方面：一是在学习生活中努力克服恐惧、犹豫、懒散等不良行为；二是在实际行动中管理好自我情绪，抑制住冲动行为。

总之，良好的意志品质的形成，是走向成功的关键，希望可以引起家长及孩子的高度重视，让这种能力在学习、生活中不断培养自己自觉性、坚持性、自制的意志品质，最终收获成功。

第八章

学习应试

没有硝烟的战役

　　"考、考、考，老师的法宝；分、分、分，学生的命根"。还记得这句广泛流传于中小学生间的俗语吗？你是不是已经记不清自己到底经历过多少次考试了，那么，在这一场又一场没有硝烟的战争过后，成功和失败是否对你说过"悄悄话"，你又从中学会了什么呢？别再一脸茫然地不住摇头，在现今教育体制下，作为中小学生中的一员，"应试"理应被你列入必修课中的一门，这是社会模式让你必须接受的，全力一战吧！

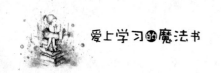
一、考前
——做好"热身"胜算多

我们常说一句话，"临阵磨枪，不快也光"。考前的"热身"复习是不可忽略的硬件环节之一，一方面它可以将所学过的内容进行一次完整的、系统的归类，帮助孩子将原有知识的盲点消灭在考试之前；另一方面，它也是在帮助孩子打一场心理上的战役，让他们及早地进入到角色状态中，以保障在考试时以体现真实水平做基础，得以超常发挥。

做好考前准备，确保万无一失

每逢重要考试过后，我们总会看到，很多应考结束的孩子考出的成绩与实际水平落差很大，这其中最大的遗憾在于并不是因为孩子没有复习好或是考题太难，而仅仅是因为没有在考前做好万全的准备，在考试中遇到了这样或那样的突发情况致使孩子的心理过于紧张，发挥失常，最终与成功失之交臂。我们在为这些孩子感到惋惜的同时，也要为自己敲响警钟。在考试之前，一定要想好并做好方方面面的细节之事，为孩子免去因考前准备不足而产生的后顾之忧，确保他们以最饱满的热情全心全意地投入到考试之中。

1. 考前准备四大要件

（1）做好身体准备

孩子的身体素质和健康状况，对其在考试中水平是否能够得以正常发挥具有重要的影响。有些孩子身体较弱且不喜欢从事体育活动。到了考试前夕，往往会因为较大的心理压力，而引发食欲不振、消化不良、神经衰弱等症状。在考场上则会表现出记忆空白、思维阻滞、反应迟钝、头晕目眩，从而影响了孩子的考试成绩。对待这类孩子，应当利用双管齐下的方法来确保其精神、体力同时保持在充沛的状态：在饮食上，家长应该多注意营养，不妨准备一些"考试餐"，以保障孩子身体上的营养需求；在精神上，家长还应多观察孩子的情绪变动，及时地给予开导和化解。

（2）做好心理准备

考试焦虑是否会如期而至？考试焦虑的程度是否严重？这些问题不只在于情境本身，而主要取决于人们对于考试性质及意义的认识和评价。倘若本次考试与个人的前途、命运紧密相连，则考试焦虑的程度指数必然偏高，如中考、高考等；倘若本次考试只是一次无关紧要的测试，那么考试焦虑的程度指数也就会相对转低，如阶段性考试等。当然，考试焦虑症状是轻是重还与人格特征具有一定关系。即使是同一场考试，不同人格特性者对考试情境所产生的反应也不同。在面对考试的问题上，不良人格特性者一般分为以下两类：一类为性格内向、情绪不稳定者，他们常把注意指向自身，过分关注自己在考试中做出的不适应反应，面对考试容易产生情绪波动，把本来没有危险的考试视为对自己有严重威胁而惶惶不可终日，时常惊恐不安、紧张焦虑；二类为能力不如他人或对自己的能力主观评价不及他人却怀有强烈愿望争取高分数的孩子。家长对于这两类不良人格特性者人群应多给予关爱，引导他们对考试及自我实际情况有一个正确的认识和评价，从而降低或减少考试焦虑，以最好的心态迎接生活中一次又一次的考验。

（3）做好知识准备

知识准备不充分是引起孩子考试焦虑的重要原因之一。在考试前，倘若孩子的复习没有到位，基础知识掌握的不扎实，不懂得知识与技能的灵活运用，当考试来临之时，孩子的自信心必然会打了折扣，进而产生了以担忧为主要特征的焦虑情绪。特别是在考试时，一旦所做题目正中自己尚未掌握住的知识点，就会瞬间表现的手忙脚乱，越想回忆所涉及的基础知识，越是想不起来，从而考试焦虑加重。由此可见，考前复习与考试焦虑息息相关，唯有复习得充

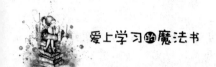

分，基础知识掌握得牢靠，考试焦虑才会自行隐身，考试才可能不受其所扰，得以正常发挥。

（4）做好技能准备

研究表明，考试技能与考试焦虑呈反比之势，如果孩子拥有较高的考试技能，则在考试时焦虑水平就会相对较低。倘若复习充分，对考试题型、解题思路、时间分配等都可以做到心中有数，那么考试就会变得轻松起来。相反，对于那些复习准备不充分，且不讲究应试技巧的孩子，在考试时往往不会掌握答题的顺序及时间的安排，作答上不分主次，时间前松后紧，当考试时间所剩无几时，更是慌乱不堪。因此，在考试前，家长应该督促孩子去了解一些关于考试答题技巧及时间分配的资料，让他们在考试技能上做好充分的准备，这对是否能在考试中取得良好的成绩来讲，是非常重要的。

2. 考前须知，不可不知

（1）考前最后一天

考前最后一天应以平稳过渡的方式为宜；复习也不要再钻于难题或自己始终不得其解的问题，以翻看模拟试卷或阅读一些作文素材为；睡觉不应过早也不宜过晚，睡前最好再少食一些有助于催眠的食品，以帮助大脑进入到良好的休息状态；清点考试用品，如钢笔、铅笔、手表、橡皮擦、准考证等，以免因考试用品的缺失影响到考试情绪现象的发生，因小失大；倘若被分配的考试地点不熟悉，那么就要抽出一点时间去现场看一看，并选择一条最短、最安全的行走路线。

（2）考试当天注意事项

早些起床，最后将公式、定理等进行最后一次的浏览；一定要吃早餐，考前一定要上厕所；要留出充裕的时间赶往考试所在地，以防交通堵塞；考试前十分钟应避免嬉笑、打闹，或是与其他孩子进行讨论。应选择较为安静的行为，如坐一会儿、看复习资料或整理文具，以防紧张情绪的产生。

（3）两科考试之间如何度过

无论上一科目考得如何，都要迅速遗忘，万不可浸入在上一科目的情绪中不能自拔；作好思维的转移，使思维在相关知识和解决问题的技能上获得一段时间的预热；如若是重大考试，则两科考试之间时间相距较长，很多孩子会选择在外面吃饭，所以千万要注意饮食卫生，以免引发身体不适；如若两科时间较短，则可选择进行适度锻炼，如散步或伸展运动等；为下一门科目做准备，如浏览一些公式、定理等，加强记忆。

常见"考试病"的应急治疗

高考日益临近，这时，注意休息、防病保健尤为重要。现介绍一些常见"考试病"的应急治疗方法。

感冒：6月，天气变化频繁，昼夜温差也较大，疲劳的考生很容易患呼吸道感染。医生建议，按说明服用常用药物将有助于症状缓解，最好是那些不会在白天引起嗜睡的感冒片。同时配合服用一些中药冲剂也能取得很好的效果。另外，不妨适量吃些西瓜、梨等清凉的水果。

头痛：精神紧张，用脑过度，往往导致神经血管紧张性头痛。有的考生两侧太阳穴部位常常会有间歇性疼痛。医生建议，一天服用10mg维生素B_1或B_2，可以营养神经、舒缓疼痛。

腹泻：天气热了，食用变质食物引发的腹泻病例也渐渐增多。考生家庭一定要注意饮食卫生。一般说来，只要不是痢疾等较为严重的感染，普通腹泻只需注意补充水分，适量服用相关抗生素以及有抑菌、收敛肠道作用的药即可。

眼部不适：用眼过度的考生有时会觉得眼睛周围酸痛，这是眼部肌肉紧张所致，而做眼保健操进行按摩能很好地缓解眼部疲劳。另外，在使用有舒缓作用的滴眼液时也需注意防止污染，避免人为导致眼部感染。

失眠与晕场：白天面对复习题头脑"空白"，晚上睡不着，医生认为，若出现这些状况应以心理调节为主。出现头脑"空白"时先做深呼吸，然后静下心来从易到难做题，做不出的先跳过，在解题过程中树立信心。睡不着时，睡前一杯热牛奶是行之有效的传统方法。实在不行时，短期内每晚服用1片至2片安定药物。

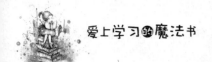

考试情绪的自我调节

情绪左右行为，倘若考试前夕孩子情绪不佳，则必然会影响到考前复习效果及考试当天的正常发挥。考试成绩的好坏不仅仅取决于孩子对知识的掌握程度，孩子的身体状况、心态等情绪因素都很有可能对考试本身会产生一定的影响。所以，考试情绪一定要引起家长和孩子的注意，力争将一切有可能影响到考试的不良情绪一举消灭，帮助孩子赢得考试的最终胜利。

1. 考试情绪的类别

（1）考试焦虑

具体表现为心神不定、失眠、注意力不集中、记忆能力下降等。考试焦虑往往是因为担心考试是否能够顺利通过而引发的。在本书第八章中有详细讲解，在这里就不再重复赘述。

（2）心理定式

影响到考试情绪的心理定式主要有两个方面：一是习惯定式，如在没有对题目细加分析时就根据自己的思考习惯匆匆做答。二是思维定式。如考试时碰到与平时练习相似或相近的题目，因为高兴而忘乎所以，不再审题，便大笔一挥做下答案。这两种方法皆不可取。

（3）遭遇瓶颈

题目摆出来，觉得自己会很容易做出来，可是动笔一做，却一时间解不出来的心理现象被称之为"瓶颈效应"。这种题目实际上是最可怕的，就好比是鸡肋，"食之无味，弃则可惜"。浪费时间去做它，也许最终也不会做出正确答案，还耽误了其他题目的作答时间；不去理会它，又觉得自己是会做的，惟恐丢了这本已经到嘴的"肥肉"。欲行不能，欲罢不忍，这是令许多孩子最为苦恼的一件事。

（4）自暴自弃

当作答时，遇到了连续几个题做不出来，紧张情绪就会无止境地得以释放，而紧张的结果使得答题思路更难以施展，引发连带反应，觉得以后的每个题目都是难题，于是引发"反正做不出"的破罐破摔心理。

（5）过分自信

这一类与前一类的孩子正好相反，当他们顺利完成前几道题后，自信心就开始无限膨胀，沾沾自喜起来，再继续答题时，就会有轻敌之心，粗心大意，不求精确，产生"这题真简单，我闭着眼睛都能答下来"的心理，答好题后也不进行认真检查，最后由于粗心、马虎等原因，导致失分现象的发生。

2. 正确应对考试情绪

（1）考前放松身心

呼吸调节法：当遇到心理紧张时，每天做几次深呼吸，姿势不限。散步时，深呼吸的节奏可以是：吸气四步，屏气8-12步；呼气四步，屏气四步，或呼吸守点的方法，即双眼只看一个固定目标，做深而均匀的呼吸，可以调整心率，从而使自己平静下来。

压鼻翼放松法：考试时若觉得自己心跳加速，紧张情绪难以自制，不妨采用右手某手指，压住右鼻翼，使其不再通气，单靠左鼻孔呼吸的方法来缓解压力，两分钟即可见效。

愉快冥想法：闭目养神，想象美好的最开心的事物和情景，把当时的情景想象得栩栩如生，找到自己最快乐的感觉，并陶醉其中，消除紧张心理。

饮食减压法：当人受到巨大的心理压力时，身体会消耗大量维生素C，所以要大量摄取富含维生素C的新鲜蔬菜和水果等食品。

（2）保持适当的紧张情绪

面对考试情绪，并不一定要将其全部消灭，考场上情绪过分紧张或满不在乎都不能考出好成绩。只有保持适当的紧张度才能信心十足，平心静气，精力集中，思维敏锐，答题准确。

应试的方法及策略

孩子的第一职业为学生，作为学生，每个人参加过大大小小的考试，加起来恐怕上百上千次也不止。在孩子经过了这么多场考试之后，却未必知道到底应该如何去面对考试，如何去实行考试的复习计划。很多孩子为了能在学习

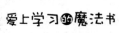

上取得优异的成绩，每天都在起早贪黑、熬夜早起中循环，虽然努力了，付出了，却没有达到自己想要实现的学习目标。这种状况在很大程度上是由于学习不得其法而产生的，在此，我为大家推荐一些切实可行的学习方法，希望可以对孩子的学习有所帮助。

1. 勤学多问

学习的过程中一定要在学的时候保持住问的频率。不要因为害怕别人看不起自己就不懂装懂起来。世界上最不能骗人的就是才学，如果你总是将不明白、不理解的知识放在一旁或干脆放弃，那么不会的东西就会像一个可以迅速膨胀的气球，越变越大，当它再也承受不住压力时，就会自主引爆，酿成大祸。没有人会去笑话一个爱问的学习者，相反，多问、勤问，反而会得到他人的尊重。

2. 勤做笔记

孩子都不会对做笔记感到陌生，因为从上学开始，老师便会反复强调"上课要做好课堂笔记"学习的过程就是不断记忆，而后遗忘，再记忆，再遗忘的过程。只要每次记忆的量比遗忘的量多，知识就终会全部地吸收到大脑中去。而笔记就仿佛是我们的第二大脑，对大脑的记忆具有辅助作用，在大脑进行一轮又一轮的记忆里，对知识点给予及时地提点。另外，笔记记下了并不意味着使用完毕，还需要学习者随时翻阅，以达到巩固学习的最终目的。

3. 重点背诵

学习离不开背诵。倘若不讲究背诵的方法，拿起来就背，虽然表面上看起来节省了些许时间，实际上却浪费了时间。当然，这种说法是具有一定根据的。背诵应建立在理解的基础上，学习应用则建立在熟练背诵的基础之上，一环扣住一环，彼此紧密相连。比如，理科学习中的公式、定理、定律的记忆；文科中名人名言、精彩段落，事件年代、过程等方面的记忆。唯有知识记住了，掌握牢固了，才能谈得上灵活应用。

4. 经常复习

复习不仅仅是为了抵抗遗忘的产生，也是对学习阶段性的总结。因此家长督促孩子在学习一个单元或一个章节结束后，要有步骤地进行阶段性复习，以达到使所学知识更加牢固的目的。

5. 主动参与

在课堂上积极主动地配合老师完成教学任务，有助于注意力及听课效率的提高。孩子最好要跟住老师的思路，积极思考，当老师在课堂上提出问题时，争取回答的机会。人无完人，谁都不可能在所有提问面前都百分百的答对，所以，你没有害怕的必要，不要怕错，积极回答，长此以往，知识的常青树就会越长越旺，硕果累累。

6. 学习环境

为孩子创造一个可以不受打扰的学习环境。无论地方大小，但是一定是要属于他自己的，一个专供学习的地方。要将孩子的学习材料全都放在那里，在进行学习的时候，保证这片小小的学习圣地，除了学习将无事可做，那么，你的目的就达到了。

总之，通过运用以上方法，长期坚持下去，相信有一天你就会发现，你的成绩有了很大的进步，你的能力有了很大的提高。

穿针引线复习法

我们都知道人的学习是循序渐进的过程，知识的累积也并不是简单地叠加，而是由点到线，由线到面，最后形成巨大知识体系的过程。所以，在学习时，光去记忆，去记住，还远远不够，我们还应该让孩子学会在渐行渐进中将知识进行合理的整合，构成知识体系，用以帮助他们对知识进行深入的掌握和运用。备考复习就是一个进行知识归拢，穿针引线的好机会。

1. 各科复习重点记忆点概说

（1）数学的复习

记忆点：定理、公式、性质、概念等。

初中生学习重点：函数，包括一次函数、正比例函数、反比例函数、二次函数等；三角形，包括基本性质、相似、全等、旋转、平移、对称等；四边形：包括平行四边形、梯形、菱形、长方形、正方形等。

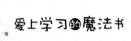

（2）语文的复习

记忆点：语音、汉字、词语、句子、识记、精彩语句及片段、文言文释解内容等。

初中生学习重点：语音方面，根据汉语拼音正确认读常用字。汉字方面：准确区分常见的同音字；辨识简单的形似字；理解常见的多音多义字在不同词语中的语音和意义；分辨词语在具体语言环境中的感情色彩；能根据具体的语言环境正确使用词语；书写汉字笔画清楚，字形规范，不写错别字。语句方面，学会分析句子结构，正确理解句子所表达的真正意义等。

（3）英语的复习

记忆点：语音、词汇、语法、课文等。

初中生学习重点：注重听、说、读、写的能力；理解阅读理解、完形填空、书面表达等能力测试题型的解题思路、技巧等。

（4）化学的复习

记忆点：名称、化学式、化学方程式、定理等。

初中生学习重点：熟练掌握化学元素的名称和元素符号的书写；化学式和方程式的正确书写；熟练质量分数的计算；注重化学实验中的相关知识。

（5）物理的复习

记忆点：公式，定义等。

初中生学习重点：声学、音色、音调和响度等；光学，光的性质：反射、折射、平面镜原理、透镜成像和应用；电学，电流、电压、电阻的串联和并联的性质，电功率、电功，焦耳定律、电磁的性质、象，试验、单位换算等；热学，主要是物态变化，热力学公式的应用等；力学，简单机械：杠杆、滑轮、轮轴、斜面、功、功率、能量转化等。

（6）政治的复习

记忆点：概念、思想等。

初中生学习重点：准确掌握基本概念；把一些内容相似或有联系或容易混淆的概念放在一起比较，划出它们的区别和联系，以此来加深记忆。

2. 整体复习安排

（1）在进行整体复习时，一般此过程分解为循序渐进的四个阶段，即基础复习、强化能力、查漏补缺、模拟练习。

（2）在复习时间的分配上，要侧重于基础知识的复习，约占总体复习时间的一半。其过程为将分散的知识点，一项一项地进行归纳、整理、弄懂、搞清，为进入下一步的能力训练打好基础。进入到第二阶段后，就要将复习的中心点从基础知识上转移到对解题思路及技巧的练习上，而后实行查漏补缺，当前期复习基本完毕之后，再做上几套知识结构完整的试题，以求知识所获上的全面到位。

（3）在复习过程中，要充分发挥学习的主动能动性，多听取老师的意见，多参与同学的讨论，力争不放过每一个疑点，不遗漏每一个重点，不忽视每一个考点。

3. 其他复习方法的应用

（1）归类列表法

要将原本零散的知识尽快地、系统的收录在我们的大脑中，就需要将它进行一番加工整理，汇成表格，以达到方便记忆、牢固记忆的最终目的。比如，将有关于力学的公式收录，或是将计算面积的公式分为一类等。

（2）过电影复习法

这种方法适合于已经过了复习的初级阶段，知识在脑子里已经存在模糊轮廓的学习者。这种方法可以培养孩子触类旁通、举一反三的思维方式，并可以使他们对知识的理解和运用更加深刻。其方式为，将知识以章或节的形式进行分解，将所有知识的要点在脑子里像放电影一样过上一遍，以达到加深印象，巩固记忆的最终目的。

（3）读写结合法

在复习时，更侧重于对基本知识、基本技能的力度，为达到加深记忆的目的，一般采用一边写，一边读出声的"温故"方式。以达到牢固记忆的目的。

（4）查漏补缺法

这种复习我们经常提到，其前提条件是已经将知识的重点吃透，只是在个别问题上还需要加以巩固。如若不然，大多数知识还没有掌握住，查漏补缺也就失去其本来的意义了。

（5）交叉复习法

复习时，可是是文科与理科进行交叉，也可以是自己喜欢的科目和不喜欢的科目进行交叉。只要本着不产生疲倦与厌烦的学习目标，所谓的"交叉"也是可以任意分配的。

（6）多种方法齐头并进

谁也没有规定过学习一定要遵循一种学习方法。只要能够在学习上取得一定的效果，即使你连续用上七种、八种的学习方法，那也是值得提倡的。特别是在时间很宽裕的情况下，不同的方法还会引发我们欲要尝试的兴趣，使学习在不断变换中，向理想的效果接近。

二、考中
——实力与技巧齐头并进

考试就是七分实力，二分技巧，一分运气的比赛。只要孩子能够复习到位，那么大部分的成绩就已成定局，而运气又是我们无法左右的。换句话来说除了实力、运气的因素之外，若想考出高于他人的好成绩，就一定要对考试技巧提起十二分的注意。所以，孩子们万不可忽略考试技巧的重要性，这也许就是你迎头赶上他人的大好时机！

紧急应对突发状况

在经过高强度、高密度、强压力的复习阶段后，脑力及体力能量都在一定程度上有所损耗。身体疲惫和精神压力的共同作用下，"考场病态"极易被引发出来。所以，我们一定要防患于未然，教给孩子一些应对方法，以免他们在考试时遇到类似情况时乱了手脚，影响了考试的正常发挥。

1. 突然慌乱

在考试中，孩子很可能会因为在一开始作答的时候就遭遇到难题的阻截，或是碰上了临场事故，而不自觉地溢出"这次我要失败了"等消极想法，慌乱随即而来。这个状况很可能会影响到孩子的正常发挥。所以，一定要让孩子懂得，当遇到"突然慌乱"来砸场时，孩子要如何去应对。在这里给出几种应对方法：一是放松，一旦出现突然慌乱的最初征兆，你最好暂停作答，闭合双眼，轻轻地对自己说"放松"，重复六次，并注意体验全身松弛的感觉；二是深呼吸，采用腹部呼吸法，胸腔不动，腹部随着气体的吸入和放出而上下起伏，几次之后，慌乱既可恢复成平静；三是中断思路。一旦慌乱产生，一定要学会对自己说"停"，同时握紧一下拳头，这样你能中断原来的思路。当你自觉情况好转后，应迅速转入正常考试。

2. 记忆堵塞

大多数人几乎都在考试中发生过"记忆堵塞"，这是考场上常见考试病中的一种随着突然慌乱而引发的毛病。当记忆堵塞发生时，原本那些你十分熟悉的公式、定理就像突然遭遇了极其寒冷的大风，大批的知识都挤在了呼之欲出却硬是出不来的出口处，而应考者越是急躁，越会加重其慌乱的程度。这时，你不妨采取以下几种方法：

（1）保持镇静

人越是情绪紧张，就越容易导致记忆堵塞现象的发生。当遇到这种状况时，你要保持镇静，将注意力集中在自己的呼吸上，慢慢地吸，放松，缓缓地呼气，当感觉到心态已经恢复到平和时，你再回过头来回忆刚刚受阻的问题。如果，这样做仍没有见效，不妨暂且将那道题放下，先做别的题，别的题做好之后再回来做这道题。

（2）情境联想

情境联想是克服记忆堵塞的有效方法之一。旨在从乱成一团的思绪中抽丝剥茧，渐渐地使原本存在的知识内容重新回复到大脑中去。在遭遇记忆堵塞时，不妨将思路带到知识内容之外，尽量回忆一下当初上课时或是自己复习时的情景，而后再去努力回忆与发生记忆堵塞问题有关的论据和概念，看看是否能寻到一些蛛丝马迹，瞄准缺口，一举成功。

（3）利用其他题目

克服记忆堵塞的最后一个办法是利用试卷上的其他试题。记忆暂时在一道题上堵住了，但是却很可能在试卷的其他地方开了天窗，后面的试题很可能会给你提供某些线索，只要你将问题挂在心上，目标线索一旦出现，就可以马上为其所用了。

3. 身体疲劳

考试是一场脑力与体力同时进行的竞赛。如果孩子连续数小时都处在一种注意力高度集中，思想十分活跃的状态下，就很容易产生身体疲劳现象。这时不妨做做伸展运动，活动一下四肢和腰背等，用以缓解身体疲劳，保障身体健康。

未雨绸缪，决战考场江湖

要想在学习的"江湖"上立稳脚跟，在"华山论剑"中一举成名，赢得最终的胜利，就必须拥有一套适合于自己的"武功秘籍"，即未雨绸缪的应考大全。

1. 别让难题成为"挡路虎"

在考试时，即使自己是自信满满的，如若在刚开始动笔作答时，就碰到了难题，也会使考试情绪大打折扣。如若再接二连三地碰到，那么心理素质欠佳的孩子可能早已经慌了，失了方寸，更别提高效完成任务了。面对此种情况，我们不妨先将难题跳过，当顺利地做出其他相对比较简单的题后，思路基本已经被打开，这个时候再去回过头做难题，向好的方面想，可能灵光突现，一下子就做了来了；向坏的方面想，即使是这道题最终也没能做出正确的答案，可是却没有因为这一道题的阻碍而耽误了其他试题的作答，从此点来看，这仍然是好事一桩。

2. 试卷开头易出现错误

我们每个人都知道对于试卷来讲，基础题一般都放在卷子比较靠前的位置。根据调查，试卷中基础题得分和丢分都是一件十分容易的事，所以，不要因为试题简单而忽略了检查工作，记住，越容易的题越要仔细。因为基础题才是考试成绩构成中的重头戏。

3. 相信第一感觉

在考试时，有的试题被反复修改，比如，由A到B，再由B到D，再由D又到A等。这就说明，考试者对这道题的概念及所应掌握的知识点并不牢靠，做出的答案也是随感觉而决定的。可是，感觉却不会来得如此精准，改来改去，我们往往会将原本正确的答案改错了。所以，除非做出的答案完全是是考试者自己编的，否则不要轻易改动第一感觉选出的答案。

4. 写清答题步骤

一般在作答考试中占有一定分值的"大题"，都会在解答步骤上安排一定分值。因此，写清答题步骤也会保证获得分数的完整性。孩子在实际操作中，也许在做大题的时候并不会答得十会顺利，但是，按照老师平日里所要求的，将在自己大脑里能够想到的解题思路和步骤都写了上去，虽然最终也没有算出结果，可是却可以得到一半或以上的分数，这便是占了步骤分的便宜。孩子在作答的时候，万不要将大题轻易放弃，也许你写上一写就来分了呢。

5. 保持卷面工整

不要让你的字体看起来像是在画虎符一样，即使你的"书法"写得不太尽人意，也不要紧，只要保持其工整性就可以了。想一想，如果你在书写上丢了分，那岂不是太冤枉了吗？特别是文科考生，因为题目都是大篇的文字，如果字迹潦草不清楚涉及分点时，就很可能吃了字迹有欠工整的哑巴亏。

6. 积极暗示幸运多

人的运气有的时候会来得很奇怪，如若你总是在心里对自己说："我不行"、"我做不到"，那么好事就真的不会轮到你的头上了，你只有对他人的好运气艳羡不已。考试时，如若紧张，就要多对自己进行心理暗示，比如，"上趟厕所吧，将所有不好的东西都排出去了，余下的都是让我精神力变得超级好的了"。

7. 提高得分率

客观性试题，即选择题和判断题等，还是要以尊重第一判断力为原则，基础知识为保障，另外还要加强自己对外界的抗干扰能力。另外，通常情况下，考生很容易放下最后一道大题弃而不做，实际上，最后一道大题不一定都是很难。因为试卷都是有其规定的长度，这也是在答题时间与题量之间做过合理安排的。一般说来，中等学习成绩以上的孩子在规定的时间内可以完成试卷，因此，如若有答不完卷子的情况也是十分正常的。但是，要记住，因为会有更多的考生不再去理会最后一道大题，才到了你表现机会，不要不做，还是顺上几眼，能做几步做几步，能得几分得几分。最后，你比别人的成绩要好，名次要高的主要原因也就在这关键一题呢。

8. 具体的答题要领

慢做会的，以保拿到全部分数；稳做中档难度的试题，要抓住得分的每个地方，按试题要求去做，做一步保障一步的分数；舍去全不会的难题，不要犹豫，时间很可能会在你的犹豫中浪费掉。将节省下的时间，用于复习前面所答过的试题。但是，值得注意的是，我们所说的舍去，并不是提倡你看也不看的情况下就扔了，"扔"的动作要发生在思考过后，真的不会再舍去。

最后，在此提点那些在考试时还有什么心理疑惑或不踏实的地方，在进考场之后，一定要将这些没有必要的心理包袱放下，轻装上阵，去赢得最后的胜利。

考试时如何做好时间预算

考试作答时，一些孩子做前面题的时候表现得很松散，到做后面题的时候，由于考试时间不再充裕，所以失去了耐性，草草作答。这种情况的发生主要是因为考试时间统筹不当，答题节奏掌握不佳，没有做好对整张试卷的整体把握而造成的。其他情况还表现在以下几个方面。一是不按套路出牌，无视于考试规程，拿到试卷就做，没有经过整体略看试卷结构，一下子就把注意力集中在个别题目上；二是存在错误的心理指向，拿到试卷后光惦记着要做题，所以有了速度没了质量，做题像赶集，忙三火四的，频频出现低级错误，甚至出现忘记涂答题卡或错涂、漏涂现象；三是做题不能一气呵成，略看了一眼题目就匆匆动起笔来，当做到一半的时候，才意识到自己的理解与原题目要求有所偏差，结果乱涂乱改，重复用时，不仅浪费了宝贵的考试时间，还会让考生忽然感到心慌意乱；四是死脑筋，偏脾气上来了，不分轻重，遇到某道题目有一定的思路，却在解题中卡住了，由于不甘心作祟，失掉了原本制定的"从易到难"的原则，非要死抠一题，结果在不知不觉花费了很多时间。最后，时间用

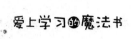

完了，那道你死抠的题目也未必会得出最终答案。下面，为大家介绍一些考试时如何做好时间预算的方法，希望可以对孩子的考试有所帮助，继而取得优异的成绩。

1. 动笔之前先浏览

拿到卷子，不要接过来就做，拿起来就答，而是要先对试题的数量、类型、题分比例等做一遍浏览，对各题难度以及做答所需时间做大致估算，做到心中有数。快速浏览一下各题所摊分数，这种做法的目的是根据各题所占分数比例来对每道题的做答时间时行分配。简单地说，分配时间应与每道题所给的分数比例相适应，虽然不用全面相符，但是要尽量保持一致，以免乱了答题的节奏。比如：卷子100分为满分，前面的词语题每题2分，那么你就尽量将做每道词语题的时间都控制在2分钟之内。这样就可以保障考试时各题分配时间的合理性了。

2. 前到后，易到难

考试经验告诉我们，一般情况下，一张试卷前面的题都为较简单的基础题，后面则为较难的压轴题。所以，做题最好从最前面做起，在做上几道容易题后，孩子的考试心情就会平稳下来，有了自信心，这样就算在后面遇到了难题，也会相对来讲容易得多。当然，如若在前面的做答中，也与"烫手山芋"相逢，那么且勿以硬碰硬，要学得聪明些，将"烫手山芋"放在旁边凉一凉，等做完其他题后，再回过头品味他，也许就能迎刃而解，一举攻下了。

3. 答题顺序可以灵活使用

孩子通过考前一段时间的复习，已经对知识有了系统且充分的了解。所以，当卷子发下业时，在保证你可以做到不漏题的基础上，答题顺序可以自行把握。也就是说，卷子一发下来，在浏览试卷时，发现自己会做的或一眼就能看出答案的选择题，可以立即答上。但是，这种答题方法，一般只适合学习成绩较好，知识基础较牢固的孩子，如若孩子基础较差，那么还是按部就班的比较好。

4. 速度与质量双重保障

光有速度不要质量，出错较多，成绩上自然不会添彩；光有质量，不要速度，余下那么多没有做过的空白题，老天爷是不会给你自动加分的。要想把题做好，还要花费时间，做起来也不是一件容易的事。这要求孩子具有较硬的基础知识做底子，又要在平常做些相应的训练。对待同一道题的两种解答方案，优中选优，选择较容易的作答，省时省力且能保质保量。

5. 长题不难、难题不后

（1）长题不难。别被文字量或所占的篇幅所吓倒，有些试题表面看起来好像很唬人，可是从实际内容来看，却发现原来是只"纸老虎"，并不难答，这种出题方式在我们平时的考试中所出现频率不占少数。

（2）难题不后。最难的试题可能在试题中间一点的位置，最后一道题往往不是最难的题，所以考生有时间的话一定要做。

6. 剩余时间不足

时间所剩无几，却仍有许多题没有做完，想做这道，心思却还挂在那道上，恨不得自己再多生出个大脑来，得结果，"鱼和熊掌"一个也没有得到。所以，当这种情况发生时，立刻做出决策才是上上之策。据剩余时间来定下一个合理的目标和决策。这里所谓的合理就是在保障其质量的基础上，能做多少做多少的目标。目标不可过高，即使定了全做完也是没有任何意义的，因为你根本无法实现，反而连较低目标也受到牵连，如做完，但只做对了一部分。在合理决策上也要有所把握。尽量把时间用在做那些你比较有把握且分值较高的试题上，多一分是一分。另外，一定要保持住平常心，慌则乱，反倒使任何事都难成了。

方案先行，应对考试失误

每个孩子都希望能在考试时把自己的真实水平完全地发挥出来，甚至是超常发挥来取得好成绩。可是在实际考试，除了个人学习能力及实力之外，还会出现这样或那样的问题，导致考试的最终失败。这些问题，有的来自外界，我们无法控制；有的来自我们本身，理应受到高度的重视，防患于未然，杜绝因失误而引发的考试失败。

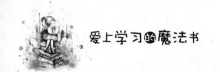
1. 难以进入考试状态

为了取得较好的学习成绩，很多孩子都选择起早贪黑的学习方式。用功没有错，可是长此以往，正处在长身体阶段的孩子们在身体上就会吃不消了。特别是在考试之前的冲刺阶段，每日的挑灯夜读，起早贪黑的疲劳作战方式，换来的是睡眠不足，待孩子走进考场时，大脑却仍然处于病态的昏沉中，难以兴奋，进入不到考试状态，甚至考试时瞌睡连连，来得影响学习水平的发挥。

例：有些孩子并不是不知道要在考前前一天要睡得好一些以保障第二天考试的精神状态。但是长时间的睡眠模式，使生物钟已经改变了原来所行驶的轨道，不听主人的命令，以导致自己越想睡却又睡不着的情况发生。有的孩子躺在床上默默地想"一定要睡着，否则明天考不好"，得结果，大脑反倒是像吃了兴奋剂一样，直到天明。到了马上要考试的时候，困劲却不挑时候地来了，让孩子又气又急，却毫无办法。

对策：过于重视睡眠也会导致失眠。因此，在平时生活中，就应该保持健康的生活习惯，规律作息。如若学习需要，也要保障在晚上熬夜了，就在早上多睡会儿；早上三四点钟就起了，就在晚上早睡会儿，一张一弛，不要两头同时紧张，有点规律，也就不用为考前能否入睡而烦恼了。

2. 考试时，大脑一片空白

这种现象，多半是因为过度紧张而造成的。在考场上，适度的紧张有利于注意力的集中，从而提高答题效率。可是如果过度紧张，甚至眼花，看不清题目或是大脑一片空白，那么就会给考试带来困扰。出现类似情况的原因有二：一是心理素质差。长在温室里的苗苗们在家得到了太多的宠爱，几乎没受过什么磨炼，更别提挫折，所以，对于环境的变化就不能很好地适应，心理承受能力差；二是压力太大。家长的唠叨，老师的希望等等这给孩子带来了巨大的压力，他们害怕失败，也承担不起失败。

对策：让大脑里的知识储量得以不断的稳固，并呈现明显地上升趋势。平时要抓紧学习，掌握好基础知识，有计划地复习，做到胸有成竹。不要把考试结果看得过重，要根据自己的实际情况定目标。考试时，也不要再想家长、老师所给你施加的无形压力，就做你自己。如若紧张，做几次深呼吸，平静心态，心里想着"发挥出水平就好"、"考不好也没关系，下次还有机会"，以求得心境的平和。一场考试结束后，无论考得如何，不要纠缠，调整心态做好准备，以最佳状态迎接下一场考试。

另外，在日常生活中，也建议家长及老师要尽量引导孩子看淡成绩，特别是对于那些内向且容易思想走极端的孩子，更要施以此法，才能有机会达到你内心的期望，否则一切就很有可能都变成泡影了。

3. 答题欠规范

如果失分是因为"不会"，尚且能够令自己接受，可是如果是因为答题答得不规范而失分那就有些太可惜了。不规范点主要表现在基础知识的记忆存在少许偏差、书写不规范、原始公式与转换公式混淆不清、缺少必要的文字说明、作图不标准等。

对策：平时加强对基础知识的巩固记忆，考虑到阅卷者的感受，注意书写上的规范性。

4. 审题不清答非所问

这种情况是最可笑了，消费了时间、脑力、精力，猛猛地答了一通却完全没在"点"上，忙活了大半天，却只做了些许的无用功。这主要是由于审题不表所导致的。现在的试卷有"三多"的特点，即题目多、题型多、解题方法多，审题到位是得分的关键。有的考生，一拿到试卷就匆匆动笔，致使审题太粗，从而会看错题目本身所隐含的真正意思。

例：某作文考试错把人口普查中的"家底"，错误地理解为国家的"家底"，同样一个词却有天壤之别。

对策：审题做到以下五点要求方可无忧。

（1）要全：拿到试卷后切莫盲目动笔，最好的办法是将试卷从头到尾浏览一遍，大体了解试题数目、类型、占分比例等。

（2）要细：看题要细致，前面、后面皆要看，如一题未完，有翻页，则要连接得上，要仔细观察，咬文嚼字反复推敲，不漏过任何一个细节。

（3）要准：看题时要弄清试题归属于哪些知识范围内，琢磨这题与过去的题有什么相同点及不同点，分析题目的要点，找到解题方法。

（4）要明：明，即看明、弄懂。要充分理解题意，一次不懂看两次，必须正确把握题意为止。因为在没有看懂题目要求的情况下就解题，会大大增加出错的概率。

（5）要稳：忍住自己的急脾气，保持心平气和，尽可能地多看几遍题，在重点条件上用笔做下标记，审题工作做好了，答题就能迅速而又准确了。

5. 心急火了，越改越错

很多孩子都有过这样的经历，在做完试卷，开始检查的时候，检查出了"错误"，最终寻得了一个自己更为满意的答案，而后交了卷子。可是，当考试完毕，查阅相关资料或与老师、同学交流时才发现，未改之前的答案才是正确的。出现这种情况的主要原因有两点：

（1）知识掌握得不牢固，所以会产生很多的"不确定"因素。

（2）检查时考虑问题应与作答时用不同的考虑方法去检查。有很多孩子轻率地改动了答案，导致错多对少情况的发生。

因此，在改答案前，一定要小心加小心，如若没有把握最好不要推翻第一次的选择。

提高答题速度及准确率

每个孩子可能都想拥有这样一根具有神奇效力的笔：在考试的时候，它能够在试卷上既快又准地做出答案。显然，世界上没有这样的笔，但是，我们却同样可以在相应技巧和方法的帮助下，通过自己的努力实现与神奇之笔相同的效力。

1. 选择题是提高答题速度的关键

在考试中最让人喜欢的就是选择题，最让人担忧的仍然是选择题。选择题之所以会被人们认定为"最为矛盾的题型"，思路对了，它就是最容易的题，瞬间便可解决问题；思路不对，则会觉得A、B、C、D哪一个都像标准答案。下面，我们一起来看一下选择题具备哪些特征：所占分值比例高；做题时间可快可慢，有时候会做得特别快，有时候又会百思不得其解；大多数选择题难度不是特别高；有时题型直观且简单，有时却看似简单，实际却九转连环。那么，要如何做快、做准选择题呢？

（1）排除法：逆向进行，从选项入手，一边审题一边排除，一个一个地排除掉，直至得到正确选项。

（2）估值法：运用一些基本定义如定义域、值域或不等式的有关范围来确定一个足够小的范围，使四选项中只有一个在此范围内，那么正确答案就得到了。

（3）赋值法：在一些特殊形式的选择题中，给未知量赋一个适当的便于计算的值，来确定答案。

（4）图形法：就题目已知条件画出合适的图形、图像，借助图形、图像得出答案。

（5）归纳推理法：原理如数学归纳法，但较简单，依题目已知推下去，找出规律，归纳出正确答案。

（6）反证法：首先假设某一备选答案正确，在通过推导或计算来证明与已知条件或定律矛盾，从而否定假设的合理性，依此间接地确定正确答案。

（7）特殊值法：选取特殊值带入，往往会使题目显得清晰。有时一道选择题不用全做，代入一个符合题意的常数就能得解。

（8）极限法：将题目条件扩展到极限情况，采用极限思维，经常给人一种豁然开朗的感觉。在什么方法都做不出时，可以猜一个你认为几率比较大的。若是可能的话，将答案全代一下，这样就可以减少失误。

2. 答题速度慢的原因全分析

（1）题目不熟练

造成对题目不熟的原因大约有三：对知识点本身不熟悉；对解题思路不熟悉；分析能力欠佳。

（2）个人能力不足

个人能力在某方面有所缺失，比如：接受知识的能力不足，书写能力不足、阅读能力不足、计算能力不足等。

（3）性格原因

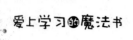

虎头蛇尾，大意粗心都是导致答题速度慢的原因。有的孩子读题很快，没有认真读懂题目所要真正表达的意思，就开始写答案了，往往做完了或已经做到最后才发现"错误"，不得不再回头再来，浪费了时间。

（4）做题习惯

还有的孩子属于蛮干闷头做事型，做事情欠考虑，拿起题来就做。发现错了才回头看，颇有不撞南墙不回头的意思。

3. 如何做到答题快且准确

（1）通过多做题来实现速度提升和知识巩固的目的

几乎每个孩子都知道多做习题可以提高做题的速度，可是却很少有人在做练习之间进行很好的规划。对于选择题的训练上，本节第一点中已经做了详细介绍，在这里就不再赘述，在做中等以下难度习题训练的时候，一定要带着"脑袋"去学习，也就是说思考要与行动同行。在做题的思维和解答的步骤中，将解题思路上相同或相似的点列出来，并加以总结，题做多了，你自然会发现，它可以运用在各种题型中，特别是对于理科的学习，更体现出一通百通之势。

（2）做题训练注意的几个问题

每一次训练都要做足量：这里的做足量并不指要做的总数达到多少，而是指第一次的题量必须要够，连续做题的时间一定要长，最好要同科同类，浅尝辄止则毫无用处。

每一次训练都要定时：将每一次做练习都当成是一场考试，要限时。这是为了避免孩子做一会儿，玩一会的情况发生。在刚开始做题的时候，可以适当地放慢速度，重要训练解题思维，当总结解题思维阶段过去后，则在保持答题正确性的基础上，尽可能地缩短做题时间，以达到训练的最终目的。

每一次训练都要注重能力培养：针对于那些在书写能力、阅读能力、计算能力等不足的孩子展开的训练。比如，书写慢，分析写得慢的原因，加以改正后，再渐渐地加快即可。阅读能力不足的孩子则可通过朗读训练，使能力得以提升。

每一次训练都要规范自我的性格：要从细节上养成良好的习惯，对于性格急且粗心的孩子，在平时的训练中要强迫自己一个字一个字地念题目，在做题的时候也要强迫规范好草稿，切不要东扔一张，西扔一张乱了章法。对于那些好动的孩子则强迫自己坚持下去，以达到短期内养成稳当的特点。

每一次训练都要为养成良好的考试习惯而努力：

做训练的时候，要养成一看二想三动四回顾的习惯，先仔细看题，在充分理解题意后，再行动，最后总结，当习惯这种模式之后，就可以达到快速答题的目的了。

检查试卷的几种方法

检查试卷是一场考试中不可或缺的一部分，在时间允许的情况下，最好要进行检查。检查的目的主要包括以下几点内容：有无漏缺的题目；背面有无题目；题意是否审清（如多选题便很容易被当成单选题来做）；试题有无漏做，大题中有无漏掉小题等。这样逐页逐题的检查，发现漏掉的就及时给予补救，这样就可以有效地避免因一时粗心而造成会做而没有做的遗憾。

1. 检查要粗与细相结合

检查无论多么重要，它也是答题的辅助项目。如果要将每道题都进行细致的核查，在有限时间的规定内，这是不符合标准的。为争取更多的检查时间，检查应以粗为主线，采取粗细相结合的方式，才是最科学的。应"以粗为主"，"粗细结合"。

所谓的"粗"，就是着重检查解题过程与解题结果是否合理，通俗地说就是看看结果是否是通过过程而推导出来的。

所谓的"细"主要检查运算结果的正确性。通常所采用的方法有以下几点：

（1）略看法：又称浏览法。意思是说对整张试卷做一个粗略的检查，以总体的角度来看个体，看看是否有漏答情况的发生。

（2）逆向法：意思是说与你做题的思路相反，我们做题是从条件——过程——结果，而逆向法是从结果——过程——条件。这种方法多用于理科的推导中，如，4+5=9，检查时就用9-5看看结果是否等于"4"的方法进行认证。

（3）变换方式法：如果某个题目有多种解法，在检查时就换一种解法，以判断原来解出的答案是否正确。这种方法适合检查理科答题如计算、证明等问题，但这种方法有一定难度，需要有充裕的时间。

2. 检查要根据类别而定方法

时间所剩无几：如若检查时间剩余不多，时间较紧，检查时最好按保——基本保——不保的方法来进行检查。（保，意思是有十足的把握）。若时间仓促，来不及验算的话，有一些简单的办法。一是查物理单位是否有误；二是看计算公式引用有无错误；三是看结果是否比较"像"，这里所说的"像"是依靠经验判断，如数字结论是否为整数或有规则的表达式，若结论为小数或无规则、零乱的，则要重新演算。学习是跟考试分不开的，怎样才能考出理想的成绩，这就与检查分不开的，怎样进行检查呢？

不同题型：

（1）选择题：检验一两个，你没有选择的答案，证明它们是错误的，你的选择即是正确的。

（2）填空题：检查审题、检查思路是否完整、检查数据代入是否正确、检查计算过程、检查答案是否合题意、检查步骤是否齐全一样都不能少。

（3）对简答题、论述题和作文的检查，一是要改正错字和病句，另外补充遗漏的内容，删去错误的观点。

（4）计算题和证明题：这两种题型是检查的重中之处，参照试题要求，一步一步做细致检查。

3. 几个值得注意的地方

如若是正规考试，就一定要让孩子们对答题卡进行检查。应尽量避免以下不足之处的发生：涂写太轻、太细；涂写不均匀、黑度差别太大；连涂；斜涂；偏涂；擦抹不净；非2B铅笔涂写；答题卡背面不干净等情况的发生。

三、考后
——又一个全新的起点

对于一个成功的人来讲，摔倒并不可怕，可怕的是在摔倒之后，失去了重新站起来的勇气，从而轻易丢弃了取得最终胜利的机会。同样道理，对于一个学生来讲，一次考试的失败并不意味着今后的失败，唯有弱者会在失败的面前一蹶不振，真正的强者在经历数次失败之后仍然精神熠熠，越挫越勇，继而一举反攻，打拼下更加美好的人生。

审视每一次的考试成绩

到现在为止，每个孩子都已经经历过太多的考试了，每次考试过后，孩子最关心，是与其切身利益有所联的就是分数和名次了。虽然，这种做法并没有错，但是在我看来，分数过去就过去了，无论孩子考得如何，成绩如何，都无需在意。重新审视试卷的目的并不是要你去追悼失去的那几分，其原因有二：一是要通过每一次考试的失分点上找寻知识结构掌握程度的空缺，并及时补上，避免在下次考试中再出现类似的错误。二是从一个阶段内所有考试成绩综合对比结果上，做出对自己最客观，最真实的评价。

1. 成绩分析法之坐标法

将本学期以来，每次考试留下的卷子重新找出来，进行一下比较分析，从中总结出一些具有规律性的东西。你不妨为此专门准备一个本子，用来对每一次的考试做分析，并记录在案。倘若你毫无头绪不知如何做起时，可以尝试这样一种方法，建立一个成绩比较坐标系，把考试的知识点作为横坐标，把考试成绩作为纵坐标。每经历一次考试，你就在坐标系上标一个点，时间一长，便可以连点成线了。将过去考试的成绩按这种方法在坐标系上标出来，孩子在某一门科目上，把显现出的优势与劣势就非常清楚了。那些在坐标系上显示出的极具优势的科目，应该适当减少花在其上的时间，不能因为个人喜好而失了整体成绩的平衡，而对于那些始终处于不理想状态的考试，就应该多拿出一些功夫来进行补救了。

2. 成绩分析法之表格法

除了坐标分析法之外，表格分析法也具有较好的效果。与前者不同的是，坐标分析法着眼于科目的分类，而表格分析法则取决于一个科目内不同类别的分类。其方法与坐标分析法类似，将第一次考试的内容都用表格的形式记录下来，进行比较分析。比如，英语考试中，听力多少分，完形填空多少分，阅读理解多少分，哪部分分多？哪部分分少？将这些详细情况都记录在表格里，几次考试之后，哪里掌握得好，哪里掌握得不好就自然知晓了。

3. 寻找问题的所在

利用上面的办法把没有掌握好的知识内容找出来了，下一步的重点当然就落在如何去解决问题之上了。如果不是其解最好与班主任谈一谈，将自己的想法和苦恼告诉老师，让老师以他特有的职业角度来帮助你把一把关。因为，班主任是最了解孩子具体的学习情况的，如果老师能够给出一些相关意见，那么，下步的学习计划执行起来就会顺畅得多，容易得多了。千万不要怕问，如果孩子实在没有勇气与老师进行沟通，那么不妨找几个学习好的同学在一起谈一谈，让他们以旁边者的角度来给出一些意见，也许会比孩子自己分析得更加准确也是说不定的事情。

优异的成绩不能光靠"努力"

努力学习不等于高效学习，两者不可混为一谈。在中、小学生群体中，我们常常会看到这样一种现象。有些孩子学习很努力，早出晚归，成天抱着书本，泡在自习室里的他，但是排行榜的前列却总不是他；最早进入复习，书本被翻得最旧的是他，但是考上好学校的名单上却没有他。由此看来，努力是阳光、空气和雨露，却唯独不是被播下的那棵种子，即使外界条件再好，也永远不可能生长出美丽的花朵，一切都只不过是徒劳罢了。

1. 学习的"点金术"

搞好学习的关键在于能熟练地使用各种学习方法，调整自己的学习心态，管好自己的学习过程，从而高效地实现学习目标。打个比方，将十张一百元钱发给十个人，每人一百元钱，有的人就只看到了它的眼前价值，以钱换物，得到价值一百元钱的东西罢了；而有的人却看到了它的潜在价值，以一百元作为自己第一桶金的基础，以钱生钱，继而获得更多的财富。学习就好比是这一百元钱，学得好不好就要凭学习者的本领，而这里的本领当然是指学习方法。我们应该让孩子懂得，学习，不仅要学习知识，还要学会学习，即掌握科学的学习方法。我们要预见到"一百元"的潜在价值，意识到学习方法的重要性，它就好比是知识的点金术，掌握了它就好比从此开启了财富的大门，将会收获数不清的金银。

2. 实例解剖，分析要害

小志刚是一名初一的学生。从小学三年级开始，学习就一直就是令小志刚最为头疼的事。从小学开始，小志刚就已经习惯于开夜车学习了，常常背书学习到深夜。谈到努力，可能班级里任何一个学生都不能比过他，可是在考试的名次上，却很少有人超不过他。不错，虽然小志刚一直都用功上进，但是成绩就像是他的仇人硬是和他做对，就是不上去。而记忆力也仿佛是他的死敌，即使仅有二十个单词，小志刚也要用上几个钟头，其效果还不佳。赶上哪天状态佳了，记下了一些，但是到了明天就又成为"忘记"的老主顾了。因此小志刚很苦恼，为什么自己如此努力，却仍然摆脱不掉差生的帽子呢？

原因分析：

这类孩子平时学习很努力、很用功，但是学习成绩却不理想。其主要原因有二：一是存有一定的学习障碍。学习障碍并不是说孩子的智力有缺陷，而是指那些智力正常的中小学生在听、说、读、写、推理或数学能力的获得和运用

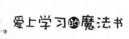

上出现明显的困难和障碍，因而造成努力与学习成绩严重失衡的状态；二是学习方法的问题。指南针没有选好，方向搞不清楚，一旦走错了方向，自然是光用"功"，而不得"效"了。

解决方法：

第一类：因为造成学习障碍的原因是孩子的大脑神经控制功能发展落后，从而导致认知能力落后和学业困难。这些问题在孩子的襁褓时期就已经存在了，只不过没有涉及过多的学习生活，因而被很多家长所忽视。如果小志刚属于第一类，事情就略显棘手了。因为，如果不究其源，硬要靠孩子的努力和用功，那是没有用的，建设将孩子送到医院、心理咨询中心等专业机构去治疗，这才是上上之策。

第二类：相较于第一种类型，第二类就显得容易得多。首先，要让小志刚树立起"一定可以战胜困难"的决心；其次，在有了信心做内驱力的基础上，还要拥有恒心和耐力，杜绝"常立志"和三分钟热度的坏毛病，要学会"立长志"，学习水滴石穿的那种精神；再次，要想学习好就一定要有明确的学习目的和正确的学习态度，良好的学习习惯才是取得好成绩的基本保障；而后意识到改善学习方法的重要性，找到最适合自己的方法，在实践中不断地加以优化；最后，要摆正心态，学习不可"急功近利"，欲速则不达，要踏踏实实，一步一个脚印地向前走，坚持下去，成绩自然会迎头赶上。

总结经验比总结教训更重要

宁可慢一些，也要盖基础牢固的漂亮房子。学习也是一样，宁可接收信息的速度慢下来，也一定要保证知识的消化和理解。在每次考试之后，应该让孩子养成认真总结的习惯，考试真正的目的在于知晓自己的不足之处，发现问题，继而解决问题，并保证类似问题不再出现。可是，现在大多数的家长和孩子在有意、无意中将总结的重点放在教训上，会做的习题为什么搬到考试上就做错？本来能够得到的分数为什么没有得到？为什么有些问题不懂、不会做，找不到切入口？虽然，教训也是提高学习成绩，使自己长记性的方法之一，可是，如果将总结完全归于教训之类，那就大错特错了。这道题为什么用这种方法行得通，换了方法就行不通？为什么我的做法会给满分？那道题我是如何进行思考的？怎样找到解题的突破口？会做的题我是如何把握住的，等等。怎么能将"经验"弃在一旁置之不理呢？慢慢体会下，你便会发现，其实总结经验比总结教训更重要。

1. 反思学习态度

每次考试之后，都应该根据考试成绩对现有实行目标进行调整。首先，看看考试结果是否达到了自己设定的目标，如果达到了就要设定新的目标，如果没达到就要根据考试成绩所体现出的个人能力来对原有目标进行调整。

有一句话说："人往高处走，水往低处流"，每个人都有向上、学好的愿望，是否能够实现关键是要看如何行动。当然，人与人之间的个体差异也是存在的，但是，倘若我们将科学学既定成这个世界上最好的职业，也不可能谁的目标，奔向的方向就是科学家。换句话来说，每个人都有他只属于自己的目标，无关乎他人的目标有多大，只要你真的认定了，这个目标就是唯一的、必须的，你必须完成的！每一次考试都是对自我目标的一次检验，考得好，就要信心十足地，更加努力地向前奋进；考得不好，就要反思过去，总结经验，以更好的状态向目标挺进。

2. 总结自我，借鉴他人

闭门造车式的学习会严重阻碍孩子在学习上的进步。在每次考试过后，肯定会出现一批表现突出的孩子，他们因为方法得当才导致学习能力的提高。不妨将他们的试卷拿过来借阅一下，看看那些取得好成绩的孩子是如何答题的。自己不会答的要参照别人的解题方法进行学习；自己答对的，也要看看别人是如何思考的，总结他人好的经验来巩固和提升自己原有的解题方法的技巧性。

（1）认真分析自己的试卷。当孩子拿到试卷以后往往只关注于卷面上的"红叉叉"，却很少再看其他。实际上，真正懂得学习的，关注的不仅仅是错题，更包括你答起来并不流畅的题、思维曾经出现障碍的题、还有个别的运气题（选择题）。要想今后不在这些问题上摔跤，就必须现在就给予必要的补救措施。

（2）不要以偏概全。特别是具有总结性质的考试试卷覆盖知识面较广，意在为这一阶段所学知识进行一次综合性的测试。所以，孩子应该着重对错题，答得不是很好的题，以及碰大运"蒙"上的题进行重点复习。但是，值得注意的，千万不要就题论题。如果只是这道题做错了，改正了。那这样的总结只是让你多会做一道题而已，下次类似的题变一变形，可能又错了。殊不知，一道题错了，可能是你相关的知识体系就没有搞清楚。所以，试卷上的错误只不过是所涉及知识的一个反应，所以应该让孩子对这部分题涉及的知识做一个更深、更广的复习，这样才能真正地实现复习的目的。

（3）用提问题的方式帮助自己总结学习经验。无论孩子学习成绩如何，想必在考试之前还是都对自己的成绩有所期待的。那么，当考试成绩出来以后，是否达到了你的期望，是否是你这段时间学习状况的真实反映，是不是应该反省一下，自己为什么会摔得如此狼狈？自我缺失在哪里呢？

问题 1：名次是不是上升了？

问题 2：如果上升，是不是因为自己的真实水平上升了？

问题 3：如果下滑，是哪里出现了问题？

通过这些问题。我们该好好利用这次考试，总结自己的考试经验，改善自己的学习方法，今后更好的学习。

3. 分析各科的优点与弱势

在保证考试成绩真实有效的情况下，考试成绩能够让孩子一目了然的看清自己学习的总体形势。但是，学科学得好坏也不能完全依靠学习成绩的排序来进行界定，因为在考试中仍然会出现这样那样的"变数"，如某科目本次试题出得难度系数过高，或是因为时间紧而使最后的难题上出现了技术性失分等。孩子应该根据自我实际情况进行认定，这样做出的总结才是最客观、最真实的。

4. 整理薄弱的知识点

考试后，试卷可以让孩子在平时学习时不易察觉的薄弱知识点表露无遗。所以，在考试过后，要划定一些时间对试卷中的错误点及在做题时尚不把握的题均做出认真细致的分析，根据找出的原因，将知识的薄弱之处，加入到下一步的学习计划中去，以弥补前一阶段学习中的不足之处。

"塞翁失马，焉知非福"，即使这次考试失败了，只要自己能够认识到事情的严重性，真正地重视起来，下一次的成功就离你不远了。

为考试准备一个"错题本"

歌德曾经说过："真理与谬误是同一个来源，这是奇怪的但又是确实的，所以我们任何时候都不应该粗暴地对待谬误，因为在这样做的同时，我们就是在粗暴地对待真理。"由此可见，在考试过后为自己准备一个"错题本"是十分有必要的。它会帮助我们快速锁定到现有知识缺失的地方，给予我们及时补救的机会。很多孩子虽然知道要准备错题本，却不知如何去用，难道只是简单地将做错的题记下，并写上正确的解题过程就正确了吗？下面介绍一下建立"错题本"的基本步骤是怎样的。

（1）把错题原原本本抄到"错题"栏内，写在"错题"栏内，然后把出错的地方用不同颜色的笔标出来。

（2）填写"错误原因"栏。总结自己为什么会做错的"经验"，像我们上医院看医生一样，要先找出病因，再进行治疗，就会疗效大增。如果实在不知道错在哪里，就一定要求助于"专家科"，求助于老师，让他帮助你做细致的分析。

（3）针对错题"病因"，制定改正措施。

找到"病因"之后，下一步自然走进"治疗"的程序，回归于课本，针对错题原因作答疑式"补课"和"再学习"，以达到熟练掌握的目的。对于那些在考试时模棱两可的题目，也要将其漏洞及时补上。

（4）纠正错题，做出答案。

建立错题本的好处有三点：一是可以从"错"入手，因采取了反推、倒推的方法更利于对知识更深刻地理解；二是提高孩子去主动改正错误的目的性和自觉性；三是如若将今后在做题中所遇到的错题都整理入册，在复习时着重查看、记忆，将会大大提高复习的质量，提高应考能力。

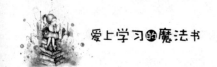

做错题目是难免的，有错就改才能进步，因此，把错题汇集起来，并加以订正，不仅为考前复习提供了重要内容，还可以让我们避免在同一个地方摔的可能。

考试过后，生活继续

光有力气，不会思考的人被称之为莽夫；光知道学习，而不懂得思考的学习方式，被称之为莽学。莽夫者有勇无谋，难担大任；莽学者仅有学习的干劲，却缺少学习的方法，难以在学业上有所成就。考试过后，无论成功还是失败，学习都不会就此终结，生活还会继续，我们每一个都还要在不断地总结和摸索中向理想迈进。达尔文曾经说过："一切知识中最有价值的是关于方法的知识"，同样一个目标，思考者运用科学的方法很快就能让目的得以实现；而缺少思考环节的莽者，即使付出了加倍的努力恐怕也难以达成心里的既定目标。这便是思考所给予我们行动过程的最终价值。

1. 正确处理考后试卷

（1）试卷发到手中之后，老师会将试卷中学生出错频率高的地方进行讲解，而后布置课外改错，一般就不再过问。这时有的孩子就会耍起小聪明，认为老师不会再有时间来检查，便偷了懒。这类孩子自以为占到了便宜，实际上是吃了学习的大亏，那些学习习惯勤奋的孩子会在试卷上有所收获，而你则把送上门的知识推出门外，想来你还真是"聪明"极了！

（2）对待老师所讲解的题目，即使是自己答对了，也要认真记录和分析，看看老师的方法是不是要比自己的好，哪一种更好，更简单、做起来更节省时间。这样一来，如果下次考试中出现相同或类似的题型就可以最佳的思路，最快的时间来进行作答了。

（3）学习成绩不佳的孩子由于没有学习成绩优秀的孩子改错改得少且快，所以，为了应付老师的检查，便选择去抄袭其他孩子现成的答案，这一点是万不可取的。如果自己真的没有办法去将错误全都理解到位，不妨适当地降低要求，只需改错基础题。哪怕凭自己的学习能力去理解着做一点点，也比全篇大抄袭的效果要好得多。

（4）考试过后，在做完改错练习之后，最好要求孩子写考后感想，重点不在所想上，而是侧重要对每一题的分析上。

2. 如何摆脱考后不良情绪

实例1：考试失败让孩子产生恐惧心理。

随着大考的来临、结束，初三学生梦梦的心就像生了一场大病，自卑、无助，无时不像梦魇一样盘踞在心头。由于梦梦的学习基础较差，进入初三以来，由于又多了升学压力的困扰，每次考试的不理想，都会让他的心理如同受刑般地难以忍受。"每次月考过后，自己就像有负罪感一样。"月考以来已经一个星期了，梦梦的情绪至今还没有恢复，她觉得在学习里已经没有一点乐趣可言，开始破罐子破摔了。

解决方案：在心理上树信心，在行动上做补救

要解开梦梦的心结，家长及老师应站在她的立场和角度上去了解她的心情，并通过言语的交流传达给他理解和信任的信心，并让梦梦明白，她初三是一个大家庭，少了谁都不完整，必须让她回归到学习中间去，并摆脱对学习及考试的恐惧。

另外，不能再让梦梦继续地做"行动的矮子"，要想让她真正地重拾起信心，家长应该考虑为她报一个学习班，在学习上帮助她进步，成绩提上来，才能使她从恐惧学习的阴影中彻底地走出来。

实例2：努力而不见成效，成绩反而更差

王威也是一名初三的学生，脑子很好使，思维也灵活，接受能力特别强。初一、初二时没有意识到学习的重要性，所以学习成绩也只是处于中等生水平。进入初三后，看到其他同学都开始加班加点地拼命学习，他开始意识到"中考"的重要性，也试着开始努力起来，但是却没有想到，考试过后，不但努力没见成效，反而呈下滑的趋势。这让他的自信心大打折扣，"我已经在努力了，为什么成绩还没有多少进步？"

解决方案：融入集体的学习中，与同学结成"学习共同体"

王威的优点我们看得很清楚，但是缺点也是显而易见的，正是因为头脑

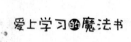

好，王威常常自以为是，甚至不把老师放在眼里，听不进任何劝阻，更别提与其他同学进行沟通学习了。解决王威的问题最重要的就是要他认识到自己的缺点。在学习生活中，家长应多关注他的言行举止，及时给予表扬，在发现不足之处时，要及时提醒。王威也要积极地融入身边的同学中，与他们结成"学习共同体"，互相学习，互相弥补对方身上的不足之处。让自己可以在对比中认清自我，和同学们共同提高。

3. 合理安排考试后的生活

（1）适当放松

紧张的学习随着考试的结束而告一段落，但是，谁都明白，真正的考验还没有开始，生活还在继续。有很多孩子考完了试，散漫的状态便随之而来了，爱玩的又去玩儿了，上网、逛街等等活动随即展开，而课本却被晾在了一边，这一系列的活动导致孩子纪律散漫、学习效率下等情况的发生。而另一部分孩子却仍然在考试的阴影中"捂"着，担心自己在老师、同学们心中的形象受损，担心会被老师、家长批评。这些情况都是考后很常见且急需解决的问题。在此提点：试后需放松，不可过，不可不放！

（2）调整提升，发挥考试余热

关注孩子的学习情绪比关注孩子的考试分数更有意义。找出那些影响孩子正常备考的情绪，如焦躁、抑郁、紧张、沮丧等，打上"预防针"，以备在下一次考试出现类似情绪时，能够及时地进行调节，以求稳定发挥。